HISTOHOTELS
HISTORIC HOTELS of GERMANY

Zu Gast im
ODENWALD

Ein Reise(ver)führer zu
den historischen Stätten, Sehenswürdigkeiten
und Paradiesen im Naturpark Odenwald

wtv

Lustvolle Entdeckungsreise durch eine alte Kulturregion

Viele von uns kennen sich im europäischen Ausland oftmals besser aus als in unserem eigenen Land. Dabei hat dieses viel zu bieten: eine jahrtausende alte Kultur und Geschichte allemal, die sich in den einzelnen Regionen auf ganz unterschiedliche Art und Weise widerspiegelt.

Der östliche Odenwald ist auf den Wunschlisten der Reisenden ganz sicher nicht auf den ersten Plätzen vertreten. Leider, so möchte man hinzufügen, denn Kelten, Römer, Germanen, die Burgunder Nibelungen, Napoleon und seine französischen Truppen und die Schweden waren schon hier und haben ebenso jede Menge Spuren hinterlassen, wie die einst rührigen und belesenen Benediktiner des Klosters Amorbach, die Kunst, Kultur und Wirtschaftsgeschichte der Region über Jahrhunderte bis in die heutige Zeit hinein prägten.

Die Bibliothek im Konventsbau der Abtei Amorbach, der Qualitätsweinanbau, die Kunst der Baumeister und Steinmetze sowie unzählige Sakral- und Profanbauten in den Städten und zahlreichen ehemaligen Pfarrdörfern geben davon ein anschauliches Zeugnis.

In einer globalisierten Welt brauchen Menschen regionale Bezugspunkte und Verwurzelung als Kraftquell und Anker ihres von zahlreichen äußeren Einflüssen bestimmten Lebens. Insofern ist es gut zu sehen, dass immer mehr Deutsche ihr Heimatland als Reiseziel entdecken und schätzen, insbesondere diejenigen, die an Kultur und Geschichte interessiert sind. Die im vorliegenden Reise(ver)führer ausgewählten Touren und Wanderungen, von denen es zweifelsohne noch zahlreiche weitere interessante zu empfehlen gäbe, mögen Lust darauf machen mit der Entdeckungsreise zu beginnen und sich als Gast im Odenwald wohl zu fühlen.

Herzlich Willkommen!

Landrat Roland Schwing, Miltenberg

In einer der reizvollsten Urlaubslandschaften, am Rande des UNESCO Geopark im Bayerischen Odenwald, liegt die liebenswerte und romantische Barockstadt Amorbach. Inmitten einer herrlichen Kulturlandschaft, bietet hierzu das ehemalige Klostergut der Benediktiner-Abtei Amorbach, das heutige Landhotel „Der Schafhof" die besten Voraussetzungen, geruhsam die Hetze des Alltags zu vergessen und neue Kräfte zu sammeln.

Als Bürgermeister von Amorbach, einer Perle des Barock, freue ich mich besonders darüber, dass die Initiative zum vorliegenden Reise(ver)führer Odenwald in unserer Stadt, genauer gesagt im ehemaligen Klostergut der Benediktiner, dem Schaf- oder Amorhof, geboren wurde.

Über Jahrhunderte hinweg war Amorbach Motor und Drehscheibe der Entwicklung einer einst „hinterwäldlerischen Region", einem kaum besiedelten Ostgrenzbereich des römischen Reiches, Entwicklungsgebiet klösterlichen Macht- und Wirtschaftswachstums, Spielball zwischen den Mächten in der Zeit der Reformation, des Dreißigjährigen Krieges, Napoleonischer Einflussnahme und deutsch-nationaler Bestrebungen; aufgebaut, gebrandschatzt, vernichtet, auferstanden aus Ruinen, verarmt, vergessen und wieder entdeckt: wer im östlichen Odenwald rund um Amorbach auf Entdeckungsreise geht, sieht und erlebt oft völlig unerwartete Dinge, die Verwunderung und Aha-Erlebnisse gleichermaßen heraufbeschwören. Man muss sich allerdings darauf einlassen, denn schließlich sieht man in der Regel nur die Dinge, von denen man schon etwas weiß.

In dieser Hinsicht ist es gut, einen kleinen Guide in der Tasche zu tragen, der auf die Highlights, wie auf die weniger beachteten Sehenswürdigkeiten hinweist, vor allem aber diese nachvollziehbar und verständlich in ihren historischen und regionalen Zusammenhang stellt.

Mit gutem Grund nennen Herausgeber und Autoren ihr kleines Werk Reise-(ver)führer, denn schließlich geht es darum, Besucher aus nah und fern im besten Wortsinne dazu zu verführen, die Schönheiten und Besonderheiten der Region um Amorbach, also den Kern des östlichen Odenwaldes, kennen zu lernen, sich davon verzaubern zu lassen und irgendwann – möglichst bald – wiederzukommen.

Die Initiative von Herbert Ullrich und seinem Schafhofteam verdient Anerkennung, auch weil sie Impulse setzt, die für unsere Stadt zukunftsweisend sind. Wir wünschen uns ja mehr Gäste, die an Kultur- und Geschichte interessiert sind und Gäste, die die weitgehend unberührte Natur des Naturparks Odenwald schätzen und lieben lernen.

Zufriedene Gäste, die wiederkehren, bestätigen letztlich unsere Mühe, die zahlreichen Schätze unseres reichhaltigen Kulturerbes zu wahren und als Kraftquell für die Zukunft nutzbar zu halten.

Bürgermeister Peter Schmitt, Amorbach

Der Odenwald

Der Odenwald- Kulturregion mit langer Geschichte

Der Odenwald kennt viele Geschichten. Bereits 2500 v. Chr. siedelten hier die ersten Menschen und hinterließen, wie später die Kelten, Germanen und vor allem die Römer zahlreiche Spuren, denen man heute, als stumme Zeitzeugen der Geschichte, auf vielfältige Weise begegnen und nachspüren kann.

Mit der Christianisierung im 7./8. Jahrhundert wurde auch das in der Mitte des Odenwaldes liegende Gebiet erschlossen. Vier Benediktinerklöstern war von der damaligen fränkischen Zentralgewalt der Karolinger die Aufgabe zugewiesen, die kirchliche, kulturelle und wirtschaftliche Entwicklung voranzubringen. Das Kloster Lorsch vom Westen her, das Kloster Fulda vom Norden, das Kloster Mosbach vom Süden und das Kloster Amorbach in zentraler Lage, südlich von Miltenberg gelegen. Der Abtei Amorbach, der Legende nach 714 oder 734 durch den heiligen Pirmin und dessen Schüler Amor gegründet, fiel dabei die größte Bedeutung zu. Noch heute zeugen die imposanten, prachtvollen Gebäude der Abteikirche, eine der schönsten Rokokokirchen in Deutschland, sowie die Klostergebäude von der einstigen Größe des Klosters. In einer für die Missionierung strategisch guten Ausgangslage, im Schnitt-

punkt von sieben Tälern gelegen, konnte sich das Kloster auch in wirtschaftlicher Hinsicht rasch entwickeln.

Im 11. Jahrhundert wurde der klösterliche Fronhof Mudau errichtet und danach in rascher Folge um ihn herum etwa zwölf Rodungssiedlungen, die auf der Hochfläche des hinteren, heute Bayerischen Odenwaldes einen in sich geschlossenen Siedlungsraum bildeten, der während des Mittelalters als Zehnt der Mainzer Erzbischöfe erhalten blieb und in der Zeit seiner größten Blüte noch Teile der heutigen Gemeinden Limbach, Hesseneck und der Stadt Buchen umfasste.

Große Veränderungen brachte die napoleonische Kaiserzeit. Nachdem Napoleon ihre linksrheinischen Besitzungen um Bad Dürkheim annektiert hatte, wurden die Fürsten von Leiningen 1803 durch den Reichsdeputationshauptschluss mit einem neuen, größeren Territorium zwischen Main und Neckar entschädigt, welches bis dahin zum Kloster Amorbach, Kurmainz und dem Bistum Würzburg gehört hatte. Die Benediktiner mussten dem neuen Landesherren weichen und ihre Abtei mit der berühmten Bibliothek dem Leininger Fürsten übergeben, der in den Klostergebäuden seine neue Residenz einrichtete.

Der Odenwald

Die Abteikirche wurde zur Hofkirche und – im Rahmen der Säkularisierung – zur evangelischen Pfarrkirche. Die politische Souveränität des Fürsten endete aber schon drei Jahre später durch die Bildung neuer Großherzogtümer, wodurch Amorbach und seine Umgebung in rascher Folge badisch (1806), hessisch (1810) und schließlich bayerisch (1816) wurden. Das Fürstenhaus zu Leiningen hat seinen Sitz bis heute in der Amorbacher Residenz, dem ehemaligen Kloster der Benediktiner, wohnt privat aber im Fürstlich Leiningenschen Palais neben der katholischen Pfarrkirche.

Für große Teile der Bevölkerung des Odenwaldes führten, nach den Freiheitskriegen von 1813 bis 1815, die geforderten Ablösungen von Haus und Boden, in Verbindung von Missernten und damit verbundenen Hungerjahren, zu einer völligen Verarmung. Viele Einwohner wurden dadurch zur Aufgabe ihrer Höfe gezwungen und wanderten aus.

Auch heute noch scheint der östliche Odenwald ein wenig abgelegen, was aber gerade seinen Reiz ausmacht. Verschwiegene Täler und wunderbare Höhenwege führen durch eine traditionsreiche Kultur- und Naturlandschaft, in der reizende Orte mit langer Geschichte und interessanten Geschichten aus den vielen Jahrhunderten ihrer Entwicklung berichten und zur Erkundung einladen.

Der vorliegende Reise(ver)führer beschreibt diese Erkundung auf sechs Routen, deren Themen sich gleichsam wie rote Fäden durch den östlichen Odenwald ziehen. Darüber hinaus laden Vorschläge zu drei Wanderungen durch die reizende Natur im Odenwald

dazu ein, zu sich selbst zu finden und dabei Dinge zu entdecken, die mit dem Auto so nicht zu entdecken sind.

Als Ausgangspunkt wurde von den Autoren der Amorhof gewählt, das ehemalige Klostergut der Amorbacher Benediktiner. In seinen historischen Mauern ist heute der „Schafhof Amorbach" untergebracht, ein charmantes Hotel, das ein exzellentes und besonderes Refugium ist, um von hier aus die Erkundung des Odenwaldes, seiner Geschichte und Kultur auf den Spuren der Klostergründer Pirmin

und Amor vorzunehmen. Natürlich sind auch andere Ausgangspunkte denkbar: In die von den Autoren vorgeschlagenen Routen kann man mühelos auch andernorts „einsteigen" und die Wanderungen können auch von jeder angelaufenen Station aus begonnen und beendet werden. Wie dem auch sei, egal wo die Erkundungstour jeweils beginnt, wer sich darauf einlässt und entschlossen ist eine besondere deutsche Kulturlandschaft „entschleunigt" zu entdecken, der wird am Ende Marcel Proust zustimmen, wenn dieser feststellt:

Die wahre Entdeckungsreise besteht nicht darin, neue Landschaften zu suchen, sondern sie mit neuen Augen zu sehen.

Marcel Proust

Der Schafhof

Vor den ehemaligen Stallungen des Amorhofes laden, durch ein weit ausragendes Dach geschützt, gemütliche Sitzgruppen die Hausgäste des stilvollen Landhotels „Der Schafhof" zum Verweilen ein.

Ehemaliges Klostergut „Amorhof" der Benediktinerabtei Amorbach von 1446

Inmitten des Naturparks Bayerischer Odenwald liegt der „Schafhof Amorbach". Die Benediktiner, die das Klostergut gründeten, wählten den Ort mit Bedacht. Einen Ort „wo sich Himml und Erde besonders nahe sind", wie Jesuiten Pater Rupert Lay es formulierte und damit den Zauber des Gebäudeensembles inmitten einer traumhaften Naturlandschaft treffend beschrieb.

Die Mauern des Schafhofs erzählen von einer langen und wechselvollen Geschichte. Die Schafhof-Quelle liefert auch heute noch das schon bei den Benediktinern so geschätzte frische Nass. Was damals eine wichtige Voraussetzung für die Ansiedlung des Klostergutes an dieser Stelle war, ist heute ein Geschenk von unschätzbarem Wert: frisches Quellwasser, von absoluter natürlicher Reinheit!

Der angrenzende Fisch- und Naturbadeteich wird mit dem Wasser der hauseigenen Quelle gespeist.

... und sein Kräutergarten

Ganz in der Tradition der Benediktiner: Eingang zum Kräuter- und Gewürzgarten des Schafhofes. Der kleine Kräutergarten des Schafhofes wurde im Jahre 2001 angelegt. Es werden vor allem Pflanzen gezogen, die hier problemlos gedeihen und als frische Kräuter und Gewürze die Speisen der ausgezeichneten Schafhof-Küche bereichern. Einige der Satzsteine des Gartens tragen eingemeißelt den Krummstab, das alte Bischofszeichen und stammen aus der Gründungszeit des Klostergutes.

Praktische Pflanzenkunde
im Schafhof-Kräutergarten.

Traditioneller Schäferwagen,
heute als Bienenhaus genutzt.

Chefkoch Stang sammelt die passenden Kräuter für das Abendessen.

Blühender Schnittlauch
im Kräutergarten.

Der Kräuter Blüte

labt den Sinn.

Der Kräuter Würze

bringt Gewinn.

Hormann, 1519

Kaminbereich

einem besonderen Hotel ausgebaut. Seither hat sich der „Schafhof Amorbach" zu einem Refugium für alle diejenigen entwickelt, die Ruhe und Entspannung in einem authentischen, historischen Ambiente suchen, umgeben von einer herrlichen Natur. Ein perfekter Rahmen um die Seele baumeln und die spirituellen Kräfte des Ortes auf sich wirken zu lassen.

Übernachtet wird im „Schafhof Amorbach" in den alten Gemächern der Benediktiner oder den kleinen gemütlichen Zimmern des ehemaligen Klosterspeichers, die im luxuriös-ländlichen Stil eine Symbiose aus Tradition und zeitgemäßer Modernität offenbaren.

Vor dreißig Jahren wurde der größte Teil der Gebäude behutsam und mit großer Sorgfalt restauriert und zu

Dem Charme der historischen Gebäude entspricht ein darauf abgestimm-

Die Schafhofzimmer laden zur Nacht.

ter, zeitgemäßer Komfort und eine ungezwungene Atmosphäre. Eine wunderbare Küche und ein aufmerksamer Service machen einen Aufenthalt im „Schafhof Amorbach" darüber hinaus auch für Genießer zu einem Erlebnis.

Jahrhundertealte Eichenbalken bilden die Kulisse in der Abt- und Schäferstube sowie in der Pilger- & Reiterstube, wenn Sternekoch Achim Krutsch mit seiner Mannschaft wunderbare Gerichte auftischt, die Gaumen und Seele gleichermaßen erfreuen.

Gäste, die die Ungezwungenheit einer ländlich-mediterranen Küche lieben, finden diese in der urgemütlichen Benediktinerstube, der ehemaligen Remise, gleich nebenan.

Das alte Kelterhaus, in dem früher auch die Schnapsbrennerei untergebracht war, beherbergt heute angenehm durchdachte Seminarräume, das Dachgeschoss zusätzliche Zimmer und im Hauptraum wurde die Benedik-

tinerstube untergebracht, deren Mittelpunkt ein großer Kamin aus heimischem roten Sandstein markiert. Der Schafhof hat seit Jahrhunderten eigene Brennrechte. In der hauseigenen Brennerei werden in einem traditionellen Verfahren aus dem Obst von den zahlreichen Streuobstwiesen des Schafhofes ebenso edle Brände, wie aus Schlehen, Hagebutten und anderen Beeren, die ebenfalls auf dem Gutshofgelände gesammelt werden.

Neben den acht verschiedenen Schnäpsen aus der hauseigenen Schnapsbrennerei, die in formschönen Flaschen im kleinen Hofladen auch zum Mitnehmen angeboten werden, warten im Weinkeller des Schafhofs edle Tropfen darauf entkorkt zu werden, wie etwa die mit einer Silbermedaille ausgezeichnete Schafhofabfüllung eines fränkischen Frühburgunders von 2003. Ein idealer Begleiter zu einem vorzüglichen Lammkarree mit Tomaten-Spinat-Törtchen.

Abtstube

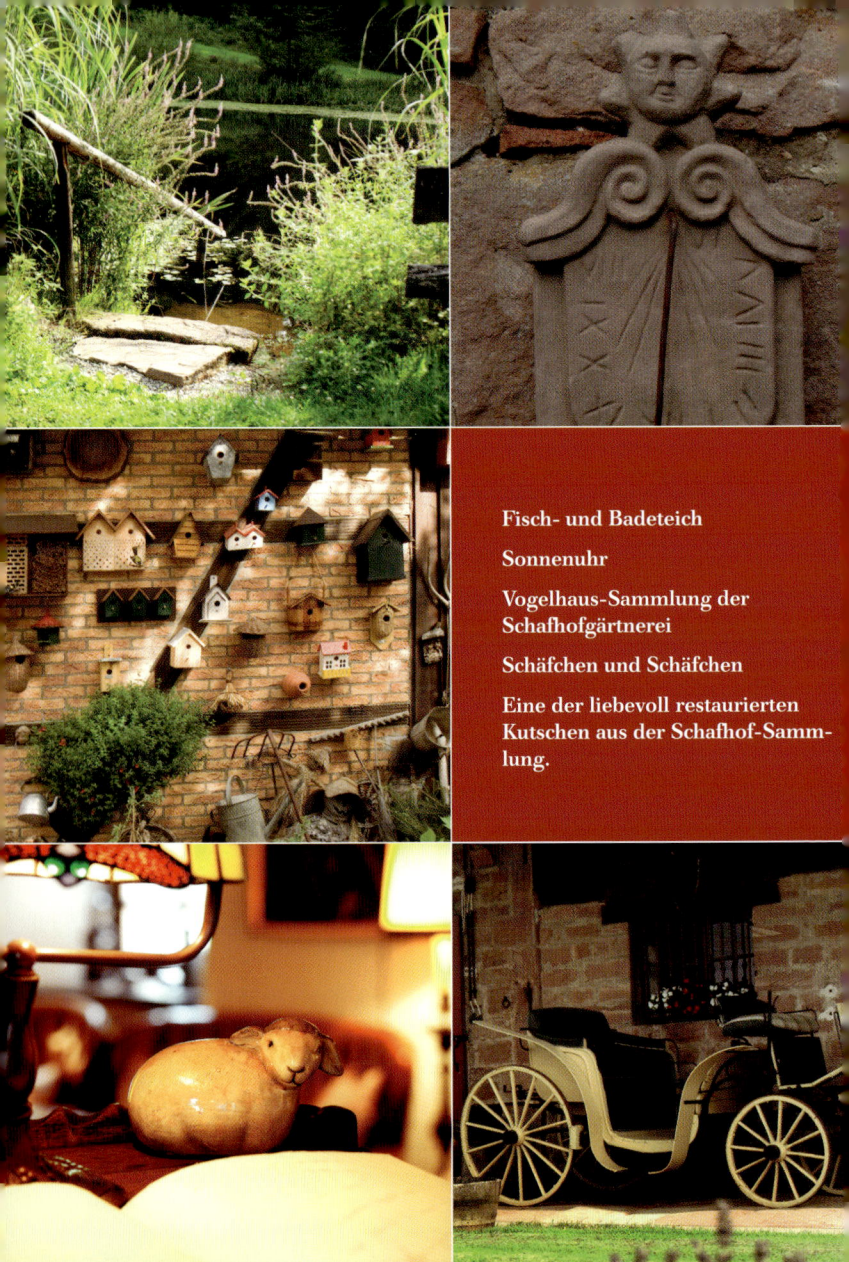

Fisch- und Badeteich

Sonnenuhr

Vogelhaus-Sammlung der Schafhofgärtnerei

Schäfchen und Schäfchen

Eine der liebevoll restaurierten Kutschen aus der Schafhof-Sammlung.

Der Weinkeller im „Schafhof Amorbach" ist gut bestückt, vorzugsweise mit Weinen aus Franken aber selbstverständlich auch mit Gewächsen anderer deutscher Spitzenlagen, gefolgt von denen aus Frankreich, Italien, Spanien und der neuen Welt. Besonders geschätzt werden von den Gästen die von Jean-Jacques Lamboley, Somelier und Restaurantleiter des Schafhofs, ausgesuchten Jahrgangsweine und die Schafhof-Sonderabfüllungen.

Während Küche und Service mit Aufmerksamkeit verwöhnen, schweift der Blick von der bezaubernden Terrasse weit ins Otterbachtal. Schafherden grasen auf den Weiden unterhalb des Schafhofs, umgeben von einer idyllischen Wiesen- und Waldlandschaft.

Gästen, die sich sportlich betätigen wollen, steht ein Tennisplatz und ein Naturbadeteich zur Verfügung. Wer ausgedehnte Wanderungen oder eine Tour mit dem Mountainbike mag, kann dazu gleich am „Schafhof Amorbach" starten. Mehrere Golfplätze in der näheren Umgebung helfen das Handicap zu verbessern und zahlreiche schmucke Städtchen, interessante Museen, Wildgehege und historische Sehenswürdigkeiten warten darauf entdeckt zu werden. Der „Schafhof Amorbach" ist ein idealer Ausgangspunkt dazu.

Gerätschaften des alten Gutshofes werden ebenso wohl arrangiert präsentiert, wie ein kleiner Nutztierzoo, ein Kräutergarten und die historischen Duft-rosenbeete hinter der Feierscheune. Wundersam zurückversetzt in eine andere Zeit machen Tradition und Ausstrahlung den Schafhof zu einem Ort für Individualisten und Liebhaber ausgefallener Szenerie. Ein idealer Platz fernab der Großstadthektik, wo man in Ruhe arbeiten, tagen, feiern und sich erholen kann.

Der Schafhof Amorbach

Schafhof 1

63916 Amorbach

Tel.: 09373 / 97 330

Fax: 09373 / 41 20

E-Mail: rezeption@schafhof.de

www.schafhof.de

Der Schafhof Weinkeller – eine echte Schatzgrube.

1. Wanderung

Vom Schafhof nach Amorsbrunn, über den Gotthardsberg, durch Amorbach und zurück zum Schafhof

> **Strecke:** ca. 12 km / **Dauer:** 3-4 Stunden
> **Kategorie:** mittel (festes Schuhwerk erforderlich)
> **Tipp-Variante:**
> **Rückkehr von Amorsbrunn zum Schafhof**
> **Strecke:** 4 km / **Dauer:** 1-1,5 Stunden
> **Kategorie:** leicht

Vom Schafhof aus nehmen wir den Weg Richtung Amorbach, vorbei am hoteleigenen Tennisplatz und biegen an einer Weggabelung in den „Wiesenweg Amorbach" ein. Wir genießen einen herrlichen Blick ins Otterbachtal und erreichen nach etwa 1,5 Kilometern den ausgeschilderten Rundwanderweg A1, dem wir über Streuobstwiesen hinab zum Ortseingang folgen. Dort geht es ein kurzes Stück nach rechts über die Straße. Nach wenigen Metern halten wir uns links und erreichen die malerische Kapelle Amorsbrunn.

Amorsbrunn
Eremitage mit langer Geschichte

Die Kapelle steht an einem geschichtsträchtigen Ort. Der Überlieferung nach war Amorsbrunn bereits in vorchristlicher Zeit eine Quellenkultstätte über der etwa 734 der heilige Pirmin eine Kapelle erbaut und die ersten Christen aus der Umgebung getauft haben soll. Im gleichen Jahr, so die Legende, soll auch das Kloster Amorbach von seinem Schüler, dem heiligen Amor gegründet worden sein. Wenn dafür auch keine wirklichen Belege existieren und auch das spätere Wirken eines heiligen Amor an diesem Ort rein spekulativ bleibt [→ Amorbach], so ist auf jeden Fall der Kult, der um die angebliche Heikraft des Quellwassers entstand, belegt und bis heute anhaltend.

Steinerne Freikanzel vor der Kapelle in Amorsbrunn mit gotischem Blendmaßwerk von 1576 und barocke Mariensäule von 1720.

Ab 1273 betreuten über 500 Jahre lang Eremiten den Amorsbrunn. An der äußeren Chorwand ihrer Eremitage, die an der Stelle der heutigen Kapelle stand, wurde 1535 ein großes Christopherusbild aufgemalt und daneben 1565 ein Heilbad angelegt, das bis ins 18. Jahrhundert hinein überdacht gewesen ist.

Die eigentliche Quelle, der heilkräftige Wirkung nachgesagt wird, befindet sich unter der Kapelle. Die Inschrift mit der Jahreszahl 1521 über dem Eingangsportal weist darauf hin, dass es sich heute nicht mehr um das erste Gotteshaus handelt, denn um

1500 wurde die Kirche erweitert und ausgebaut um den Zustrom der Wallfahrer stand zu halten. Diese kamen in Scharen, als die Heilkraft der Quelle von Amorsbrunn, u.a. gegen Augenleiden und Unfruchtbarkeit, sich im 18. Jahrhundert sogar bis an den Kaiserhof in Wien herumsprach.

Sehenswert im Inneren der Kapelle ist, neben einer Steinfigur des heiligen Amor, der farbig gefasste und vergoldete spätgotische Flügelaltar mit einer seltenen, alttestamentarischen Darstellung des Prophetenwortes vom „Spross aus der Wurzel Jesse".

Heute wie damals speist das abfließende Wasser der Quelle das im 16. Jahrhundert errichtete „Heilbad" im Garten und immer noch kommen Pilger und Wundergläubige in großer Zahl hier her, um ihre zahlreich mitgebrachten Kanister mit dem Wasser der Amorquelle zu füllen.

Da die Kapelle oft die große Zahl der Besucher nicht aufnehmen konnte, wurde bereits im 16. Jhahrhundert auf dem Vorplatz eine steinerne Freikanzel installiert.

Gestärkt durch das heilsame Wasser, mit dem wir unser Gesicht benetzen, geht es nun weiter auf den Gotthards-berg.

> **Tipp:**
> Wem dieser Weg zu beschwerlich oder zu lang ist, der kann von Amorbrunn aus über den Talweg direkt den Rückweg zum Schafhof antreten.

Blick auf die Ruine der ehemaligen Basilika auf dem Gotthard.

Zunächst führt der Weg von der Kapelle Amorsbrunn aus über eine Treppe zur Straße nach Eberbach. Auf der gegenüberliegenden Straßenseite führt unser Rundweg [A1] weiter durchs Otterbachertal über die Mud und durch die Mudaue etwa einen Kilometer weiter in Richtung Weilbach, bevor er die Straße nach Weilbach quert und sich in einer fast 180° Wendung bergauf zur Klosterruine des Gotthardbergs schlängelt.

Der Gotthard, zwischen den beiden römischen Limeslinien [→ S. 38] gelegen, soll schon in vorchristlicher Zeit als Signalstation genutzt worden sein. Mit der Besiedlung durch die Franken entstand hier eine Burgkapelle, die später unter Kaiser Friedrich Barbarossa zerstört wurde.

Anstelle der Burg wurde ein Benediktinerinnenkloster errichtet, das nach wechselvollen Zeiten 1439 dem Besitz der Abtei Amorbach zugeschlagen wurde. Im Bauernkrieg 1525 wurde die gesamte Anlage zunächst zerstört, aber im 17. Jahrhundert schließlich als Kirche nach spätgotischem Vorbild erneut erbaut. Ein Blitzschlag brachte 1714 die endgültige Zerstörung.

Die übrig gebliebenen Reste der Klosterruine mit einer dreischiffigen Pfeilerbasilika wurden erst 1956 durch ein Dach geschützt. Von ihrem Turm aus genießen wir einen herrlichen Panoramablick über den Talkessel und die sieben Täler, deren Wege sich in Amorbach kreuzen.

Blick vom Rundweg aus auf Amorbach. Im Hintergrund der Eingang zum Otterbachtal in dem der Schafhof liegt.

Wir folgen unserem Weg Richtung Sommerberg, auf dessen Rundweg wir mit Blick ins Tal etwa 1,5 Kilometer entlang gehen, bis wir an einer Gabelung rechts dem Rundwanderweg [A1] folgend ins Tal hinabsteigen.

Vorbei am größten Arbeitgeber des Ortes, dem Faserplattenwerk, führt unser Weg zum Bahnhof und dann direkt hinein, in die barocke Altstadt Amorbachs. Uns begrüßen die ersten, aufwendig sanierten Fachwerkhäuser. Über die Bahnhofstraße erreichen wir den Marktplatz, der von imposanten Bürgerhäusern und dem Rathaus gesäumt wird.

In der Luft über den verwinkelten Gassen liegt der Duft üppiger Blumenpracht, die auf den Fenstersimsen rankt. Wir setzen unseren Weg durch die Johannisturmstrasse über den Freihof zum Schlossplatz hin fort. Für heute genügt nur ein kurzer Blick auf die eindrucksvollen Bauten der Abteikirche, Fürstenresidenz und den gegenüber liegenden Seegarten, bevor wir über die Hintere Gasse und die kleine Mud-Brücke am Museum.Mutter, der Wolkmannstraße folgen, um rechts in den Mühlrain einzubiegen wo wir, unserem Rundwanderweg folgend, nach 1,5 Kilometern wieder auf dem Schafhof eintreffen.

Blick in die Bahnhofstraße.

Einladendes Landhausentrée: Wirtschaftsgebäude und Schafhofgärtnerei empfingen die aus Amorbach kommenden Wanderer.

Fürstliche Besitztümer, Odenwaldräu-
ber und römisches Kulturerbe

1. Tour

Von Amorbach über Kirchzell nach Enstthal und Waldleiningen und von dort über Keilbach, Schöllenbach, Hesselbach und Würzberg zurück nach Amorbach

Strecke: ca. 65 km
Reine Fahrzeit: 1,5 Stunden
Dauer Besichtigungen, Spaziergänge und Aufenthalte unterwegs: ca. 2-3 Stunden

Wir verlassen Amorbach am Schlossplatz in Richtung Süden und fahren über die Kirchzeller Straße, die nach halber Strecke nach Kirchzell in die Amorbacher Straße übergeht und Kirchzell als Hauptstraße durchquert. Bekannt ist die Straße auch als Nibelungen-Siegfriedstraße, die den Naturpark Odenwald auf landschaftlich schöner Strecke durchzieht. Unser erstes Etappenziel ist Ernstthal.

In Ernstthal, ursprünglich Neubrunn, unterhielt das Kloster Amorbach über Jahrhunderte einen Fronhof, für den die umliegende Landbevölkerung als Schäfer, Fischer oder Flößer arbeiten musste. Mit der Übernahme des Klosterbesitzes durch das Fürstenhaus Leiningen änderten sich Anfang des 19. Jahrhunderts die Verhältnisse.

Gasthaus und Poststation „Zum Prinzen Ernst" (links) und die leider nicht mehr vorhandene Brauerei (rechts) in Ernstthal.

Schloss Waldleiningen ist eine Nachbildung von Abbotsford, dem Haus des schottischen Schriftstellers Walter Scott, der die Gattung des historischen Romans (Ivanhoe) populär machte und u.a. Goethes Erlkönig ins Englische übersetzte.

Missernten ließen die Bewohner der Region in den folgenden Jahren sehr stark verarmen, so dass sich viele Familien nicht mehr ernähren konnten. Der verschwundene Ort Galmbach hatte 1828 noch 149 Einwohner, die in 19 Häusern lebten. Da zur gleichen Zeit das fürstliche Haus Leiningen seinen Wildpark erweitern und darin das Jagdschloss Waldleiningen errichten wollte, legte man den Einwohnern nahe umzusiedeln oder auszuwandern und erwarb nach und nach, gegen eine entsprechende Entschädigung, deren gesamtes Land.

Die Häuser wurden auf Abbruch versteigert. Ein Haus wurde als Forsthaus der leiningenschen Forstbediensteten erhalten. Es wird heute als Wochenendhaus verpachtet. Die Gemeinde Galmbach wurde 1836 aufgelöst und nach dem Sohn des Fürsten Karl zu Leiningen in Eduardsthal umbenannt. Auf diese Weise verschwanden einige Dörfer von der Landkarte. Auch Neubrunn wurde entsprechend dem Namen des zweiten Sohnes des damaligen Fürsten Karl zu Leiningen in Ernstthal umbenannt.

In Ernstthal entstand das stattliche Gasthaus „Zum Prinzen Ernst" mit einer großen Poststation sowie fürstlichen Verwaltungsgebäuden. Das Rentamt wurde von Mudau hierher verlegt und nach 1843 mit dem Bau einer großen Brauerei begonnen. Von dieser sind leider heute nur noch Reste der Eiskeller zu sehen. Anfang des 20.

Jahrhunderts belieferte die Brauerei noch über 70 Gaststätten der Region. Während der Inflation von 1923 wurde der Betrieb eingestellt und das Fürstliche Rentamt nach Amorbach verlegt. Auch das Gasthaus „Zum Prinzen Ernst" hat seither schon bessere Tage gesehen; aber mit etwas Phantasie lässt sich noch die Pracht des kolossalen Gebäudes erahnen.

Wir lassen das Auto am Gasthaus stehen und machen uns auf einen kleinen Spaziergang hinauf zum Schloss Waldleiningen. Dieses wurde Anfang des 19. Jahrhunderts zunächst als bewohnbare Kunstruine erbaut, dann aber durch das Amorbacher Fürstenhaus zu Leiningen in mehreren Abschnitten zwischen 1828 und 1873 zum Jagdschloss im Stil der englischen Gotik ausgebaut.

Das Schloss liegt malerisch auf einer riesigen Lichtung im Buchenwald. Hier empfing die fürstliche Familie – neben regierenden Fürsten, Wissenschaftlern, Künstlern und Diplomaten – 1842 König Ludwig I. von Bayern und 1871 den Preußischen Kronprinzen Friedrich Wilhelm. Heute beherbergt es ein Sanatorium und ist daher leider nicht zu besichtigen.

Nach unserer Rückkehr zum Parkplatz am Gasthof „Zum Prinzen Ernst" angelangt, setzen wir unsere Tour auf der Nibelungen-Siegfriedstraße in süd-westlicher Richtung fort.

Odenwälder Räuberbanden

Bis ins 18. Jahrhundert gab es Räuberbanden, die sich meist aus der Schar der Aussätzigen, Ausgestoßenen, Desserteure und Vogelfreien rekrutierten. Sie bestanden oft aus einem Räuberhauptmann und dessen Gefolgsleuten, die durch einen Schwur auf den Tod miteinander verbunden waren.

Um die Odenwälder Räuberbanden, die im Gebiet des östlichen Odenwaldes ihr Unwesen trieben, ranken sich so manche Geschichten. Die Unzugänglichkeit der abgelegenen Täler und Wälder waren beliebte Rückzugsgebiete für Bettler, Zigeuner und Räuber. Die arme Landbevölkerung der Kleinbauern, Köhler und Tagelöhner gewährte ihnen meist Unterschlupf und bekam dafür etwas vom erlegten Wild ab oder kleine Gaben aus der Beute.

Es wurde eine Geheimsprache, das „Rotwelsch" gepflegt, abgeleitet aus den Begriffen Kauderwelsch (unverständliches Gerede) und Rot (die Farbe der Bettler und Außenseiter). Die Losungen der französischen Revolution nach „Freiheit, Gleichheit, Brüderlichkeit" und die territoriale Zersplitterung in kleine Herrschaftsgebiete begünstigte die Bandenbildung. Den Reichen etwas von ihrem Überfluss zu nehmen wurde wie bei Robin Hood in England oder dem Rheini-

schen Haufen um Schinderhannes auch bei der verarmten Landbevölkerung im Odenwald nicht mehr als Unrecht angesehen.

Kupferstich der Hölzlipsbande nach ihrer Verhaftung 1811.

Die bekannteste Räubergruppe im Odenwald nannte sich nach seinem Gründer Georg Philipp Lang, der mit hölzernen Waren handelte und daher Hölzerlips (lips steht abgekürzt für Philipp) gerufen wurde.

Sie hatte in Galmbach und Umgebung ihren Unterschlupf, was durch die Lage, Galmbach war ringsum von badischem Gebiet umgeben, begünstigt wurde. Die Bande konnte sich bei Verfolgungen rasch über die Grenzen zurückziehen, bis es 1812 den Behörden gelang ihren Anführer zu verhaften und zusammen mit anderen Räuberhauptmännern nach einem Schauprozess in Heidelberg durch das Schwert hinzurichten.

Historischer Waschplatz/
Wallfahrtkirche Schöllenbach

Auf der Höhe bei Waldleiningen zeigt eine Markierung 563 Meter an, den höchsten Punkt unserer Strecke. Über landschaftlich herrlich gelegene Straßen geht es zunächst in Richtung Eberbach bis zur Ortschaft Kailbach und von dort quasi mit einer 180° Wende in Richtung Beerfelden. Mitten in der nächsten Ortschaft Schöllenbach biegen wir rechts ab und gelangen nach wenigen Metern zur ehemaligen Schule, deren Fachwerk die große Handwerkskunst der Zimmerleute im Mittelalter widerspiegelt. Gegenüber der Schule (heute Ortsverwaltung) liegt die evangelische Quellkirche, die in der jetzigen Form seit 1782 steht.

Es handelt sich hierbei um die Reste (Chor) einer früheren dreischiffigen Quell- und Wallfahrtskirche aus dem Jahr 1465, die jedoch im 17. Jahrhundert verfiel. Der dort seit 1503 befindliche holzgeschnitzte Flügelaltar (aufgeklappt 4,75 Meter hoch und 5,25 Meter breit), ist heute in der Schlosskapelle Erbach zu besichtigen.

Außerhalb der Umfriedung befindet sich direkt neben dem quirligen Entenbach ein noch vollständig erhaltener Waschplatz mit den originalen Bleichsteinen, dessen „Waschbecken" durch unter der Kirche hervortretendes Quellwasser gespeist wird. Auf den Bodensteinen sind noch die Vertiefungen zu erkennen, welche durch das Einseifen der Wäsche mit Kernseife und das anschließende Bürsten im Laufe der Zeit entstanden sind.

Die schmutzige Seifenlauge wurde durch das nachfliessende Quelwasser in den Entenbach abgeleitet.

Nach diesem kurzen Ausflug in die Geschichte der Wäschereinigung überqueren wir die kleine Brücke über den Entenbach und fahren bergauf in Richtung Hesselbach. Bald erreichen wir den Eutersee der 1971 eingeweiht wurde und mit rund 9.000 qm Wasserfläche die Gelegenheit zum Schwimmen und Paddelbootfahren bietet.

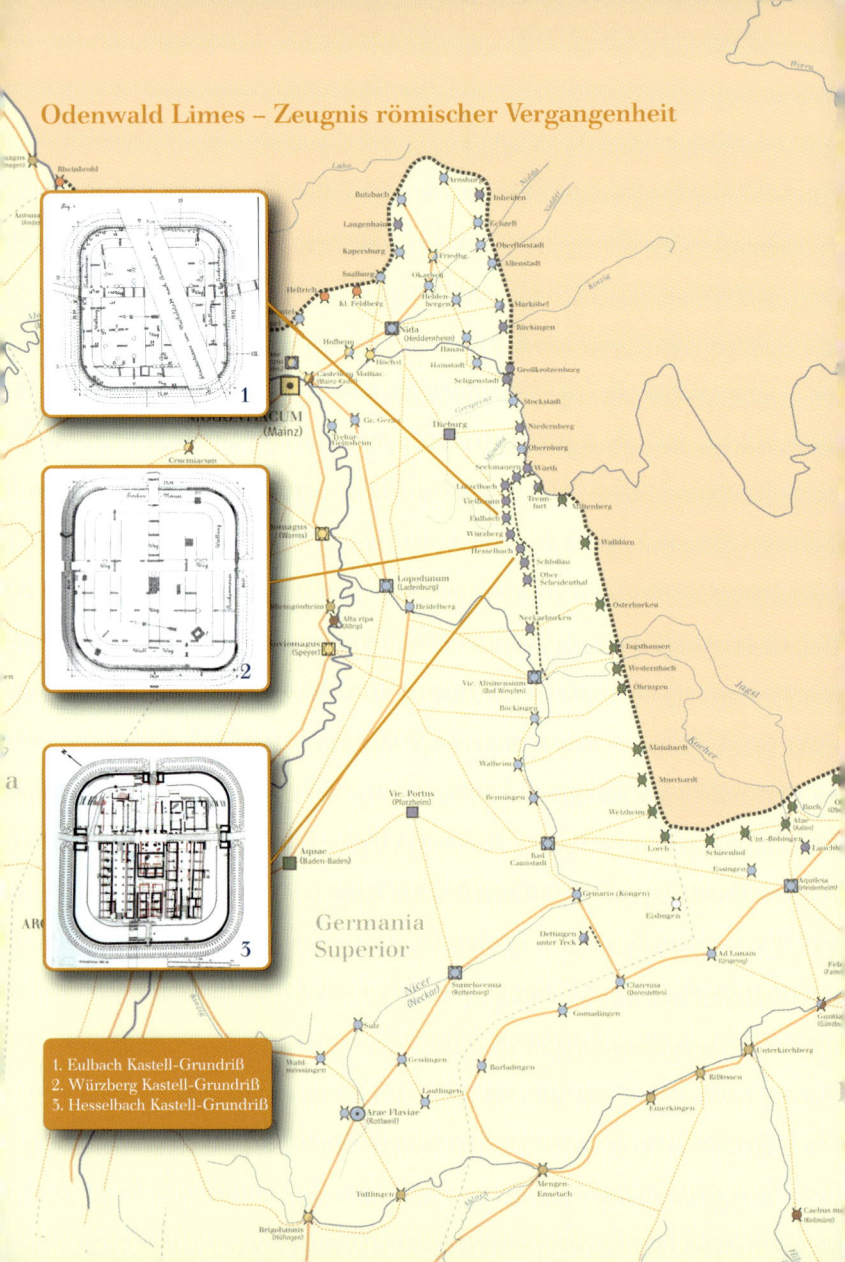

Odenwald Limes – Zeugnis römischer Vergangenheit

1. Eulbach Kastell-Grundriß
2. Würzberg Kastell-Grundriß
3. Hesselbach Kastell-Grundriß

Über 260 Jahre lang war der Odenwald-Limes, auch Obergermanisch-Raetischer Limes genannt, die östlichste Grenzlinie der Römer.

Er verläuft etwa 80 Kilometer lang von Wörth am Main im Norden bis nach Bad Wimpfen am Neckar im Süden. Seinen Verlauf kann man auch heute noch gut nachvollziehen. Insgesamt lagen am Odenwald-Limes neun Kastelle (ohne die Kleinkastelle) und über 80 Wachtürme. Auf unserer Tour befindet sich das Teilstück vom ehemaligen Kastell Hesselbach über das Kastell Würzberg zum Kastell Eulbach.

Kastelle und Wachtürme sicherten auf Sichtweite die Grenzlinie, die nicht zur Verteidigung bestimmt war, wohl aber zur Kontrolle der Grenzüberschreitungen, die nur an bestimmten Stellen möglich war. Vor den Wehranlagen wurden alle Bäume gefällt, um den Wachtposten freie Sicht zu geben. Das Holz wurde in der ersten Bauphase (um 100 n. Chr.) zum Bau von hölzernen Wachtürmen und in der zweiten Phase (um 120 n. Chr.) zum Palisadenbau benutzt. Nach und nach verstärkte man im Rahmen einer dritten Bauphase (um 145 n. Chr.) den hölzernen Limes durch Steinbauten und ersetzte auch die Holztürme durch Türme aus Stein. Diese hatten eine Höhe von fast zehn Metern und waren mit vier bis fünf Mann besetzt. Bei der Gefahr räuberischer Überfälle durch germanische Stämme hatten sie die Aufgabe Alarm zu schlagen und diesen von Turm zu Turm bis zum nächsten Kastell weiterzugeben. Je nach Gelände betrug die Sichtverbindung von Turm zu Turm 300 bis 1000 Meter.

Auf einen Kilometer Grenze kamen ungefähr 50 Soldaten, die den Grenzdienst zu leisten hatten, was im Endeffekt eine zu geringe Zahl war, um kriegerische Angriffe wirkungsvoll abzuwehren.

Etwa um 155 n. Chr. wurde der Odenwald-Limes aufgegeben und ein zweiter Grenzwall, der obergermanische, vordere Limes angelegt. Dieser verlief weiter östlich: dem Mainlauf folgend über → Miltenberg, → Walldürn und Osterburken [→ Tour 6] und weiter bis hin nach Lorch bei Schwäbisch Gmünd sowie weiter östlich bis Neustadt an der Donau.

Weiter geht es auf die Höhe nach Hesselbach wo einst ein bedeutendes Römerkastell stand und wo heute das Gasthaus „Zum grünen Baum" seine Erfrischungen anbietet.

Gleich neben dem Gasthaus steht ein imposanter Bilderstock: Heilige Dreifaltigkeit mit der Inschrift: Ex Voto Casper Jahn V Barbara Dresen Eheweib Ano 1803.

Kastelle, Wachtürme und Kohorten

Die Kastelle, in denen Kohorten (= Einheiten) von bis zu 500 Mann Besatzung untergebracht waren, entstanden fast alle nach einem baugleichen Grundmuster: Den Kern bildete ein Quadrat oder Rechteck dessen Ecken meist ebenso wie die Tore durch Türme verstärkt wurden. Je nach Größe wurden auch zusätzliche Türme an den Längsseiten eingebaut.

Rings um jedes Kastell wurde ein Graben ausgehoben und die Erde hinter der Mauer wieder zu einem Wall aufgeschüttet, der als Wehrgang genutzt werden konnte. In der Regel kreuzten sich in der Mitte der Anlage zwei Straßen, die via praetoria in der Längsachse und die via prinzipalis in der Querachse. Am Schnittpunkt standen Verwaltungsgebäude, Waffenkammern und ein Apellplatz, die Wohnung des Kommandanten sowie die Getreidespeicher und Werkstätten. Die Straße entlang des Walls nannte man via sagularis.

Von ihr gingen auch die Gassen zu den Mannschaftsquartieren ab, in denen jeweils eine centurie von 80 Mann untergebracht war. Davon teilten sich wiederum jeweils acht Soldaten je einen Wohn- und einen Schafraum, die von der Gasse aus hintereinander lagen.

Rekonstruktionszeichnung des Kastells Hesselbach

Die Rekonstruktion des Kastells Hesselbach zeigt den klassischen inneren Aufbau aller Kastelle: Mit einem zentralen Stabsgebäude (Principia), vier Mannschaftsbaracken mit den Stuben, der Kommandeurswohnung (Praetorium) sowie Magazinen und Ställen. Die Existenz der Principia belegt, dass hier ein taktisch selbständiger Verband stationiert war, ein Numerus (Hilfsverband aus Legionären) mit einer Besatzungsstärke von 140 bis 160 Mann.

Von Hesselbach aus biegen wir am Ende der Römerstraße in einen kleinen Wirtschaftsweg, dem wir bereits an der nächsten Gabelung nach links folgen. Nach sieben Kilometern geht es nach rechts in die Römerbadstraße nach Würzberg. Wir halten an dieser Weggabelung und gehen etwa 200 Meter in den geradeaus führenden Weg hinein, wo wir auf der rechten Seite die Reste des Kastells Würzberg finden.

Das Kastell wurde etwa um das Jahr 100 n. Chr. errichtet und spätestens 159 n. Chr. mit der Verlegung des Limes nach Osten aufgegeben.

Etwa 150 Meter westlich des ehemaligen Kastellgeländes befindet sich der Eulbacher Park, ein rund 400 Hektar großer Landschaftspark im englischen Stil, angelegt nach Plänen des Gartengestalters Friedrich Ludwig Sckell.

rekonstruierte Pallisade

ehemalige Limes-Wachtürme

Das ehemalige Kastell Würzberg gilt als eines der am besten erhaltenen Numeruskastelle des Odenwald-Limes und liegt auf 525 Höhenmetern etwa zweieinhalb Kilometer südlich des gleichnamigen Ortes, auf einer Lichtung am nördlichen Rande des Waldes, der sich zwischen Würzberg und Bullau, der südlich nächstgelegenen Ortschaft, erstreckt. Die Konturen der Kastellumwehrung sind im nicht überbauten Gelände noch gut zu erkennen.

Von Würzberg aus nehmen wir die Straße nach Eulbach, wo das nächste römische Kastell am Odenwald-Limes in nördlicher Richtung lag. Über das Kastellgelände hinweg führt allerdings heute die Bundesstraße 47 von Amorbach nach Michelstadt, so dass seine Lage nicht unmittelbar erfahrbar ist. Nach verschiedenen Grabungen vor über 100 Jahren hat man das Gelände wieder mit Erdreich abgedeckt.

Balineum

Das römische Badehaus

Zu jedem römischen Kastell gehörte ein Badehaus. Dieses lag immer außerhalb des eigentlichen Kastells. Seine Badebecken, Schwitz- und Ruheräume dienten einerseits der Hygiene, andererseits aber auch der Entspannung. Die Kastellbäder boten den Soldaten und Legionären in ihrem meist eintönigen Alltag eine willkommene Abwechslung.

Das Würzberger Römerbad ist eines der kleinsten am Limes, enthält aber alle Funktionsräume, wie sie auch in größeren Anlagen zu finden sind. Ursprünglich war das Bad verputzt und ausgemalt und verfügte über Wasserhähne mit fließendem Kalt- und Warmwasser sowie gläserne Fenster. Der Fußboden ruhte auf Steinpfeilern, so dass die darüber liegenden Räume quasi eine Fußbodenheizung besaßen. Hohlziegel sorgten dafür, dass sich die warme Luft über die Wände im ganzen Haus ausbreiten konnte.

Der Badevorgang begann in der Regel in einem hölzernen Vorbau, in dem die Umkleide untergebracht war. Danach begab man sich in verschiedene Räumlichkeiten, welche sich hinsichtlich der Temperatur, der Luftfeuchtigkeit und der Funktion voneinander unterschieden. Sie wurden in einem vorgeschriebenen Ablauf durchschritten. Üblicherweise begann man das Bad in den warmen Räumen und beschloss es im Kaltbad.

Im Caldarium strahlte der geheizte Boden und oft auch die Wände und Bänke eine gleichmäßige Wärme von 40-50°C ab, die Luftfeuchtigkeit war mit 100% sehr hoch.

Ein wesetlicher Teil des Bades war das Tepidarium, das so genannte Regenerationsbad. Hier herrschten nur 37-39°C und eine Luftfeuchtigkeit von 40-60%. Die Wärme wurde ebenfalls von den Wänden oder von Steinliegen abgestrahlt, hier konnte man sich unbegrenzt lange aufhalten. Das Sudatorium hingegen war das antike Dampfschwitzbad, welches man analog dem Caldarium nur kurzzeitig aufsuchte.

Im Frigidarium, dem Kaltbade- oder Abkühlraum eines römischen Bades, wurde der Körper zum krönenden Abschluss mit einer eiskalten Belebung revitalisiert.

Das Schwitzbad war auch direkt vom Umkleidebereich aus zugänglich und konnte, ohne die anderen Bereiche zu durchlaufen, mit einem Untertauchen im Kaltwasserbecken des Frigidariums beendet werden.

Da das Römerbad Würzberg nicht unmittelbar an einer Quelle liegt, wurde das benötigte Wasser vermutlich aus einem in der Nähe befindlichen Brunnen geschöpft und herbeigeschafft.

Die Fundamente des Kastellbades Würzberg und Teile des Mauerwerks sind konserviert und vermitteln einen guten Eindruck von der Struktur eines Römerbades.

Der im Park stehende Obelisk wurde aus Steinen erbaut,
die den Überresten des Kastells Würzberg entnommen wurden.

Auf dem Gelände befinden sich ein Jagdschloss der Grafen zu Erbach-Erbach sowie ein Wildgehege. Die Anlage gilt als ältester archäologischer Park Deutschlands, denn hierher hatte der altertumsbegeisterte Graf Franz I. zu Erbach-Erbach zahlreiche Baufragmente und archäologische Funde verbringen lassen, die er bei seinen Untersuchungen des Odenwald-Limes gemacht hatte. Darunter befinden sich rekonstruierte Mauerstücke, Kastelltore, Inschriftensteine, Säulen und andere Artefakte. Insbesondere wurden Funde aus den benachbarten Kastellen Eulbach und Würzberg in den Park gebracht, aber auch Objekte, von anderen Fundstellen am Odenwald-Limes.

Im Norden und im Osten erweiterte man den Landschaftspark später um ein Wildgehege (unter anderem mit Wisenten und Muffelwild), welches ganzjährig zu besuchen ist.

An der Kasse gibt es einen empfehlenswerten Führer des Landesamtes für Denkmalpflege zu kaufen, mit dem Titel: Der Englische Garten Eulbach – Römische Relikte vom Odenwaldlimes des 19. Jahrhunderts bei Michelstadt im Odenwald.

Das zum Park gehörende Jagdschloss wird leider heute durch die Bundesstraße vom Park getrennt und ist, da immer noch Wohnsitz der Grafen zu Erbach-Erbach, nicht zu besichtigen.

Über die Bundesstraße 47, die hier Teilstück der Nibelungenstraße ist, fahren wir zurück nach Amorbach, das wir nach 13 Kilometern erreichen.

> **Englischer Garten Eulbach**
>
> an der Bundesstraße B47, zwischen Amorbach und Michelstadt. Parkplätze vorhanden.
> **Öffnungszeiten:**
> Ganzjährig 9 - 18 Uhr
> Tel.: 06061 / 70 60 42 (Kasse) oder
> 06061 / 9 59 20

Grundriss des Kastells Eulbach, aufgenommen nach den Grabungen von 1895 und 1896.

Auf den Spuren der Nibelungen, Elfenbeinschnitzer und den Grafen zu Erbach-Erbach

„Der Schwur" ist eine von 14 Skulpturen des Künstlers Jens Nettlich, die entlang der Siegfried- und Nibelungenstraße im Odenwald zu bewundern sind und Szenen aus dem Nibelungenlied darstellen.

2. Tour
Über die Nibelungenstraße nach Erbach und weiter nach Michelstadt über die Deutsche Fachwerkstraße zurück nach Amorbach

Strecke: ca. 45 km

Reine Fahrzeit: 50 Minuten

Dauer Besichtigungen, Spaziergänge und Aufenthalte unterwegs: ca. 2-3 Stunden

Wir verlassen Amorbach in westlicher Richtung und nehmen die Bundesstraße 47 nach → Erbach. Nach 13 Kilometern passieren wir das Jagdschloss und den Wildpark Eulbach, letzteren haben wir bereits auf unserer ersten Tour kennen gelernt [→ Tour 1]. Der Straßenverlauf entspricht einem Teilstück der Nibelungenstraße, die sich auf ca. 150 Kilometer Gesamtlänge von Worms bis nach Würzburg erstreckt. Erbach gilt als Zentrum der Elfenbeinschnitzerei, war Residenzstadt der Grafen zu Erbach-Erbach und bezaubert durch eine reizvolle Altstadt.

Neben den Sehenswürdigkeiten, wie dem Schloss, einem mächtigen Bergfried, dem Alten Rathaus, dem Lustgarten und der Orangerie, dem Deutschen Elfenbeinmuseum und einem prächtigen Marktplatz sind es die zahlreichen kleinen Details, die der Erbacher Innenstadt ihren Charme verleihen.

Liebevoll restaurierte Fachwerkhäuser aus dem 16. bis 18. Jahrhundert, die reizenden Ecken entlang des den Ort durchziehenden kleinen Flüsschens Mümling, die Märkte und Altstadtgässchen laden dazu ein auf Entdeckungstour zu gehen.

Traditionelles Kunsthandwerk wird auch in der ältesten Odenwälder Töpferei Müller-Döning gepflegt, die auf eine über 350 Jahre alte Geschichte zurückblickt. Töpfermeister Bernd Dönig und sein Sohn Tobias pflegen auch heute noch in der Bahnstraße die bodenständige Handwerkskunst ihrer Vorfahren aus der Töpfer-Dynastie des Centgrafen und Bürgervogtes Benedikt Müller.

Odenwälder Kunsttöpferei Müller & Dönig
Bahnstraße 21
64711 Erbach/Odw.
Tel.: 06062 / 31 85 | Fax: 06062 / 26 67 06
E-Mail: info@odenwaelder-kunsttoepferei.de
Öffnungszeiten:
Mo. - Fr. 9 - 12 Uhr und 14 - 18 Uhr
Sa. 9 - 13 Uhr | So. 14 - 17 Uhr
Werkstattbesichtigung nach Vereinbarung.

Hier werden exklusiv, originale Odenwälder Keramiken produziert und zum Verkauf angeboten.
Daneben gibt es eine kleine aber feine Ausstellung von handwerklichen Töpferarbeiten aus den vergangenen Jahrhunderten.

Die Nibelungen

Über 2000 Strophen, in mittelhochdeutscher Sprache, umfasst das Nibelungenlied, ein Epos voller Leidenschaft, rauschenden Festen, heißen Schwüren, Hass und Intrigen, Vergeltung und Gewalt. Im Nibelungenlied kommt der Odenwald häufig vor. Er war offenbar das Lieblings-Jagdrevier des Burgunderkönigs Gunther, Hagen von Tronjes, Siegfrieds und den anderen Recken.

Am Anfang der Geschichte steht die Demütigung Brünhildes, König Gunthers Frau, durch Kriemhild, der Frau Siegfrieds auf dem Domplatz zu Worms. Brünhild stachelt daraufhin Hagen von Tronje dazu an, sie durch die Tötung Siegfrieds zu rächen. Oberhalb des Dorfes Grasellenbach im Odenwald ergab es sich dann an einer erquickenden Quelle, dass dem edlen Siegfried vom üblen Hagen hinterrücks mit einem Speer das Herz durchbohrt wurde. Daraufhin heiratet die Witwe Kriemhild den Hunnenkönig Etzel (auch Attila genannt). Listig werden die Nibelungen zu einem Fest nach Ungarn eingeladen, wo diese in einem fürchterlichen Gemetzel an Attilas Burg vernichtend geschlagen werden.

Ob sich alles so zugetragen hat, wie im Nibelungenlied geschildert, weiß niemand so genau. Spannend aber sind die Geschichten der Nibelungen allemal und an den Routen der Nibelungen- und Siegfriedstraße zwischen Worms und Würzburg liegen Burgen, Klöster, Berge, Bäche, Wälder und alte Steinbrüche in denen den Nibelungen mit ein wenig Fantasie nachzuspüren ist. Die beiden Routen kreuzen sich in Amorbach.

Arbeitsgemeinschaft
Nibelungen-Siegfried-Straße
Burgstraße 37
64768 Lindenfels
Tel.: 06255 / 30 644 | Fax: 06255 / 30 645
E-Mail: touristik@lindenfels.de
www.nibelungen-siegfriedstrasse.de

Nördlich von Erbach liegt das Fachwerkstädtchen → Michelstadt, weltweit berühmt für seinen attraktiven Weihnachtsmarkt. Der jedes Jahr an Pfingsten stattfindende, ebenso bekannte Bienenmarkt, erinnert an die Verleihung der Stadtrechte im 12. Jahrhundert.

Die Einhards-Basilika, die Michelstädter Kellerei, Schloss Erbach-Fürstenau und vor allem das markante Rathaus sind bauliche Kleinode, die zahlreiche Bildbände und Kalender zieren und eben-falls weltweit bekannt sind.

Die Altstadt ist auch heute noch von einer Stadtmauer umgeben. Von den außerhalb liegenden Parkplätzen geht es über kleine Gassen und Mauerdurchlässe hinein in die alten Höfe, Plätze und Winkel innerhalb des historischen Kerns.

In der vom Marktplatz abgehenden Braunstraße empfiehlt sich das Cafe Siefert, welches zu den rennomiertesten und am höchsten dekorierten Konditoreien Deutschlands gehört.

In der offenen, aufgeständerten Halle unter dem Michelstädter Rathaus fanden die Marktstände bei regnerischem Wetter ihren Platz.

Hier arbeitet der Weltmeister der Konditoren Bernd Siefert. Der Familienbetrieb besteht bereits seit 1793 an gleicher Stelle. Die Vorfahren von Bernd Siefert kamen damals aus der italienischen Schweiz, wo das Herz der europäischen Zuckerbäckertradition schlägt.

Allerdings betrieben die Sieferts zunächst eine Hausbrauerei mit Gastwirtschaft und eine Poststation sowie einen Bauernhof. Diese Linie setzte

Cafe Siefert

Astrid & Bernd Siefert
Braunstraße 17
64720 Michelstadt
Tel.: 06061 / 30 68
Fax: 06061 / 12 118
E-Mail: kontakt@cafesiefert.de
www.cafesiefert.de

Öffnungszeiten:

Di. - Sa. 9 - 18 Uhr | So. 10 - 18 Uhr
Montag Ruhetag. Auch an Feiertagen geöffnet, an den Weihnachtsfeiertagen geschlossen.

Das Cafe Siefert in Michelstadt.

sich bis zum Großvater Heinrich Sie-fert fort. Bis in die 1990er Jahre ging man in Michelstadt noch gerne zum Heiner, wie Bernd Sieferts Großvater in Michelstadt genannt wurde, um dort die berühmten Siefertschnitzel zu essen, die es bis heute noch gibt.

Der Wandel zur Konditorei vollzog sich 1967, als der Konditormeister Wil-helm Siefert das Haus erbte und alles umkrempelte. Das Ergebnis seiner Veränderungen wurde zum Kleinod Odenwälder Gastronomie. Wilhelm Sieferts Konditorei entwickelte sich schnell zu einem Anziehungspunkt, dessen Ruf weit über die Grenzen Michelstadts hinausging. Seine Lei-denschaft vererbte er seinen Kindern Astrid und Bernd Siefert, die heute den Betrieb führen. Astrid Siefert kümmert sich als Geschäftsführerin liebevoll um das Cafe in Michelstadt.

Auch Bernd Sieferts Frau Isabel, eben-falls eine Meisterin ihres Faches und Deutsche Meisterin im Konditoren-handwerk, ist mit von der Partie und so ist es kaum verwunderlich, dass Be-sucher aus aller Welt sich im Cafe Siefert ein Stelldichein geben und süße Köstlichkeiten aus Meisterhand genießen. Drei weitere Geschäfte hat Bernd Siefert etwas weiter enfernt, in Japan aufgebaut. In Michelstadt bietet er für Profis und backbegeisterte Hob-bybäcker Seminare und kulinarische Shows (Insentivs) an: www.bernd-siefert.de.

Von Michelstadt aus nehmen wir die kleine Straße nach Vielbrunn und fahren über ein Teilstück der Deut-schen Fachwerkstraße über Weilbach zurück nach Amorbach.

Mitteldeutsches Fachwerk

Die Häuser stehen in der Regel mit dem Giebel zur Straße. Nach vorne, zur Straße liegt die „gute Stube", dann fol-gen Küche und Treppenhaus. Die Schlaf-kammern liegen im rückwärtigen, der Straße abgewandten Teil. Stallungen, Erntelager und Backhaus wurden meist in getrennten Gebäuden untergebracht. Das Mitteldeutsche Fachwerk verbrei-tete sich in allen deutschen Mittelgebir-gen bis hin zum Neckar im Süden, im Osten bis nach Polen und im Westen bis ins Elsass hinein.

Im „Städtel" in Erbach stehen jahrhundertealte Fachwerkhäuser.

APFELALLEE

Kein Mangel an Vitaminen – Obstbäume säumen viele Wanderwege.

2. Wanderung

Vom Schafhof Amorbach über Kirchzell und Preunschen zum Watterbacher Haus, zur Burgruine Wildenburg und zurück durchs Mudautal nach Amorbach

Strecke: ca. 13 km
Dauer: 4-5 Stunden
Kategorie: mittel-schwer, Ausdauer erforderlich, zwei Teilstücke haben erhebliche Steigungen, festes Schuhwerk erforderlich, Wanderstöcke empfehlenswert
Hinweis: Bei Wetterumschwung oder Konditonsproblemen kann man von Preunschen oder der Pulvermühle aus auch ein Taxi nehmen.

Wir verlassen diesmal den Schafhof in westlicher Richtung über den Fahrweg und gehen dort, wo dieser nach rechts den Hang hinab schwenkt, geradeaus über die Apfelallee hinunter ins Otterbachtal.

Kurz vor dem Forsthaus Otterbach folgen wir dem Wanderweg [K2] etwa 2,5 Kilometer über den Tannenbuckel bis hinauf nach Kirchzell. Auf der Höhe vor Kirchzell, wo unser Weg den Wanderweg [WA V] kreuzt, lohnt es sich ein wenig zu verweilen und seitwärts ins Gebüsch zu blicken. Dort entdeckt man die Reste der alten Hohlwege, die schon zur Römerzeit angelegt worden sind und teilweise befestigt waren. Wer genau hinschaut entdeckt, auch noch alte Wegmarkierungen und Kilometersteine.

Kirchzell (ursprünglich „Celle") gehörte zu den so genannten Zellorten, die in der Nähe der Benediktinerabtei Amor-

Forsthaus Otterbach mit idyllischem Bauerngarten.

bach gegründet wurden. Erst im 15. Jahrhundert fügte man dem Ortsnamen die Vorsilbe „Kirch" bei, um ihn besser vom nahegelegenen Ottorfszell unterscheiden zu können. Dank seiner Kirche entwickelte sich der Ort zum Mittelpunkt des ganzen Tales, des „Kirchzeller Grundes", so dass ihm um 1700 das Marktrecht verliehen wurde. 1720 brannte das ganze Dorf nieder, wurde aber rasch wieder aufgebaut und erlangte wieder seine dominierende Stelle im Gabelsbachtal. Seit der Auflösung des Mainzer Kurstaates gehört auch Kirchzell zum Fürstenhaus zu Leiningen.

Der Tradition entsprechend präparieren viele Odenwälder auch heute ihre Holzvorräte für die kommenden Winter.

Von Kirchzell aus folgen wir dem teilweise steil ansteigenden Wanderweg [K3] nach Preunschen. Auch hier führt der Weg teilweise durch die alten Hohlwege, an deren Wegrand noch einzelne Wegmarkierungen erkennbar sind.

Überreste der alten Wegeverbindung von Amorbach nach Watterbach.

Stilvolle Gastraumidylle im Grünen Baum in Preunschen.

Zahlreiche Steinplatten weisen darauf hin, dass der Weg einmal befestigt gewesen sein muss.

In der Ortsmitte von Preunschen lädt das gemütliche Gasthaus zum Grünen Baum an den Wochenenden und an Feiertagen zur Rast (unter der Woche leider nur ab 17.00 Uhr oder bei kleineren Gruppen auch auf Vorbestellung) ein. Gisela Brenneis, gute Seele und Wirtsfrau des Anwesens, hat aus ihrem Elternhaus eine weit über die Region hinaus bekannte, wie beliebte Stätte der Gastlichkeit geschaffen, deren Besuch man keineswegs verpassen sollte.

Am Ortsrand von Preunschen steht auch das älteste Bauernhaus des Odenwaldes. Es handelt sich dabei um einen bereits 1475 erbauten Firstständerbau,

Gasthof zum Grünen Baum
Inh. Gisela Brenneis
Preunschen
63951 Kirchzell
Tel.: 09373 / 14 31
Tgl. geöffnet ab 17 Uhr | Sa. u. So. ab 11 Uhr
Gruppen nach Vereinbarung
Di. und Mi. Ruhetag

ein Fachwerkhaus, dessen senkrechte Holzbalken vom Erdgeschoß bis ins Dach hineinragen. Das Haus stand ursprünglich im wenige Kilometer entfernten Watterbach, woher auch sein Name Watterbacher Haus stammt. Es beherbergt heute ein sehenswertes wald- und forstgeschichtliches Museum. Auf rund 200 qm Ausstellungsfläche erfährt der Besucher eine ganze Menge über die forstgeschichtliche Entwicklung der

Waldmuseum Watterbacher Haus

Dorfstraße 4

63931 Preunschen

Tel.: 09373 / 73 06

Öffnungszeiten:

April bis September: 11 - 17 Uhr

Oktober bis März: 12 - 16 Uhr

Sa. | So. | Feiertage und für Gruppen,

sowie Führung nach Vereinbarung unter:

Tel.: 09373 / 97 430

Zweimal wurde das Watterbacher Haus versetzt bevor es 1997 am Ortsrand von Preunschen das Waldmuseum für den Odenwald beherbergt. / Folgende Doppelseite: Wildenburg im Herbst

Region seit dem Mittelalter und über alte, längst ausgestorbene Nutzformen wie die Lohrindengewinnung, die Köhlerei oder das Steinhauerhandwerk im Wald. Es gibt Informationen zum Thema Jagd und zum Kreislauf der Holzgewinnung, vom Saatgut bis zur Fällung der Bäume. Die didaktische Aufbereitung ist anschaulich und auch für Kinder, denen eine eigene Museums-Rallye angeboten wird, interessant.

Vom Watterbacher Haus folgen wir dem Wanderweg in nördlicher Richtung und erreichen nach etwa 20 Minuten die Burgruine Wildenberg. Die um 1200 von den Edelherren von Dürn, angesehene Gefolgsleute der Stauferkaiser, im romanischen Stil errichtete Burg, liegt ca. 5,5 km südwestlich von Amorbach auf einem Bergvorsprung. Mit dem Niedergang der Herren von Dürn gelangte die Burg 1271 in den Besitz des Erzstifts Mainz und wurde Amtssitz der Mainzer Verwaltung. Durch ein Erdbeben 1356 schwer beschädigt, erlangte die Burg im 15. Jahrhundert noch einmal unter Erzbischof Dietrich von Erbach an Bedeutung, bevor sie im Bauernkrieg 1525 zerstört wurde. Sie blieb danach eine Ruine.

Noch heute sind künstlerisch wertvolle Schmuckformen im Palas, der eine Fläche von 23 x 9 Metern hat, zu sehen. Beeindruckend ist die Feuerfläche des Kamins mit neun qm sowie die prachtvollen Fenstergruppen des lichtdurchfluteten Arkadensaales. Ebenso ist der 20 Meter hohe Bergfried erhalten geblieben, der, hinter dem Gra-

ben und der Schildmauer übereck gestellt, die am meisten gefährdet Burgseite und die Wohnräume schütze. Erahnen lässt sich noch die dem heiligen Georg geweihte Kapelle im Obergeschoss des Torturms.

Verbunden wird die Wildenburg vor allem mit dem Namen Wolfram von Eschenbach, dessen „Parsival" mehrere Anspielungen auf die Burg enthält.

Von der Wildenburg folgen wir weiterhin dem Wanderweg in nördlicher Richtung hinab nach Buch, queren dort die Mud und durchwandern fortan auf der östlichen Seite des Baches das Mudautal, vorbei an der Walkmühle bis zur Pulvermühle, wo wir wieder auf den Rundwanderweg [A1] stoßen. Diesem folgen wir nach links, überqueren erneut die Mud und gehen zunächst ein paar hundert Meter in südwestlicher Richtung in den Wald hinein.

Wer eine deftige Brotzeit mit selbst gebackenem Brot, hausgemachter Wurst und Kochkäse oder frischen Apfelwein aus der eigenen Kelterei mag, der kann vorher noch eine Einkehr im Gasthaus der Pulvermühle einlegen.

An einer Abzweigung nehmen wir den Weg [A1] rechterhand und wandern auf halber Höhe über dem Wiesengrund parallel zur Mud nach Amorbach zurück, das wir nach knapp einer Stunde oberhalb der Mudaubrücke an dem Museum.Mutter erreichen.

Der Wanderweg [A1] führt nun rechterhand direkt nach Amorbach hinein, oder geradeaus und dann in einem großen Linksbogen entlang der unteren Hänge des Walkmanns direkt zum Schafhof.

Historische Pulvermühle

1749 wurde an der Stelle, an der heute das Gasthaus steht, vom Pulvermacher Johann Georg Gebheim eine Pulverfabrik errichtet. Nach mehreren Explosionen, bei der Schwarzpulverherstellung, bei der einer der Werksgründer ums Leben kam, wurde die Pulvermühle verlegt und die Fabrikgebäude für die Errichtung einer Ölmühle genutzt. 1806 eröffnete hier das Gasthaus „Zum Prinz zu Leiningen" mit Caféhaus und Billard, Tanzsaal und Übernachtungsmöglichkeiten.

1820 wurde das Gasthaus in eine Weinwirtschaft umfunktioniert, da Nikolaus Breitenbach und der spätere Inhaber der Gastwirtschaft Friedrich Breunig die Konzession für eine Häkkerwirtschaft erhielten. 1840 wurde dann die Bezeichnung der Gaststätte geändert. Seither kennt man sie unter dem Namen „Gasthaus zur Pulvermühle" Auch wenn von deren historischem Flair leider nicht viel übrig geblieben ist, so ist die Pulvermühle ein guter Ort für eine kurze Rast.

Am ehemaligen Stadtgraben von Amorbach.

Auf der Spur der Steine: von Frankenwein, Engeln und französischem Barock

S IOANNI
TEVTONIÆ SILESIDEI
BOHEMIÆ HONORI
CLIENS FAVTORI
ITA EREXIT

3. Tour
Von Miltenberg über Großheubach nach Klingenberg und von Klingenberg über Kleinheubach zurück nach Miltenberg

Strecke: ca. 35 km (von Amorbach aus)
Reine Fahrzeit: 45 Minuten
Dauer Besichtigungen, Spaziergänge und Aufenthalte unterwegs: ca. 4-6 Stunden

Unsere Tour beginnt in → Miltenberg, wo wir den Main auf der alten Steinbrücke überqueren und auf der anderen Mainseite Kurs auf → Großheubach nehmen.

In der Maingegend rund um Miltenberg wird traditionell der hellrotbunte Mainsandstein abgebaut, was sich an zahlreichen historischen Bauwerken noch heute ablesen lässt, auch weit über die Region hinaus. Wer Lust hat sich auf die Spuren der jahrhunderte alten Handwerkskunst der Steinmetze zu begeben, der kann dem Steinbruch und der Werkstatt der Firma von Peter Wassum einen Besuch abstatten.

1904 gründete der Straßenbauunternehmer Friedrich Wassum einen Steinbruchbetrieb. In dem treppenförmig angelegten Steinbruch werden Werksteine gewonnen. Man bohrt senkrecht nahe nebeneinander und sprengt die großen Blöcke vorsichtig ab. Die braunrote Farbe, die weißgraue Streifung und eine Pigmetierung aus Eisenoxiden machen den besonderen Reiz des Sandsteins aus. Das Familienunternehmen ist der einzige Betrieb, der den Miltenberger Sandstein noch aus eigenem Steinbruch abbaut und bis zum Endprodukt selbst bearbeitet.

Steinmetzarbeiten, Restaurierungen, Massiv- und Bildhauerstücke, Fensterbänke und Umrahmungen, Boden-, Fassaden-, Treppen- und Abdeckplatten, Bossen-, Mauersteine und Verblender, Steine für die Gartengestaltung, für Brunnen, Grabmale, Urnenwände ... all das gehört zum Angebot der durchaus traditionsbewussten, umtriebigen Wassums. Ihr handwerkliches Können ist übrigens auch auf dem Schafhof Amorbach zu bewundern, zum Beispiel an den Fensterlaibungen, der Balustrade an der Terrasse und dem imposanten Kamin der Benediktinerstube.

Peter Wassum GmbH
Im Söhlig 20
63897 Miltenberg
Tel.: 09371 / 27 81
E-Mail: info@wassum-online.de
www.wassum-online.de
Besichtigungen nach Absprache möglich.

Roter Mainsandstein

Die Rotsandsteinverarbeitung ist in der heutigen Form gut 145 Jahre alt, denn um 1860 wurden die ersten Steinbrüche aufgemacht und zwar von einem gewissen Storch aus Amorbach und von den Großheubachern Martin Zeuner und Augustin Stapf. Sie waren keine kapitalskräftigen Männer, weshalb ihre Unternehmungen nur klein blieben. Die Rotsandsteingewinnung und Verarbeitung erlebten einen Aufschwung, als um 1870 die Firmen Alexander Arnold und Kaspar Winterhelt Steinbruchgelände aufkauften und Steinhütten errichteten. Die Blütezeit der Rotsandsteinindustrie in Großheubach liegt zwischen 1880 und 1900. In diesen Jahren arbeiteten in den Steinbrüchen bis zu 50 Mann und in den Steinhütten bis 100 Steinhauer.

Der hellrot-bunte Mainsandstein ist für zahlreiche historische Bauten verwendet worden. Heute findet er deshalb sowohl für Restaurierungsarbeiten vielfach Anwendung, als auch als Mauerstein, Fassadenplatten, Fußboden- und Treppenbeläge. Diese Sandsteine sind frostfest. Die feinkörnigen Miltenberger Sandsteine werden vor allem von Steinbildhauern für Plastiken, Wappen und ornamentierte Werksteine verwendet. Es wird weiter unterschieden in den so genannten Felssandstein, der rötlich und mittelkörnig ist und wenig Ton enthält.

Der Plattensandstein führt Glimmerlagen, ist feinkörnig und wird vor allem aufgrund seiner Verschleißhärte für Bodenbeläge und Fassadenplatten verwendet. Mainsandstein wird seit der Römerzeit als Baustein verwendet. In zahlreichen Steinbrüchen wurde der rote Sandstein abgebaut und in nahezu

jedem Ort am Main verbaut. Da seit der Römerzeit große Werksteine des roten Sandsteins über den Main und dann weiter über den Rhein verschifft wurden, findet sich eine Vielzahl von Gebäuden auch weit außerhalb der Miltenberger Region, die mit dem markanten Baustoff erstellt worden sind.

Das nahe gelegene Großheubach besitzt rund um den Marktplatz noch eine Vielzahl schöner Fachwerkhäuser, darunter das Rathaus von 1612, unter dessen geschmücktem Erker die Schnitzfigur des Baumeisters heruntergrüßt.

Die Stadt ist bekannt für ihren Weinanbau dessen Blütezeit im 17. und 18. Jahrhundert lag. Zu dieser Zeit war der Franken-Wein ein richtiger Modewein und Großheubach 1796 mit einer nachgewiesenen Rebanbaufläche von 101 Hektar die größte Weinbaugemeinde am Main. Die Konkurrenz der Pfalz- und Moselweine im ausgehenden 18. Jahrhundert und die Anfang des 19. Jahrhunderts aufkommende Italienmode führten im Verbund mit einigen schlechten Erntejahren zu einem drastischen Rückgang. Auch die Einführung des bayerischen Salzmonopols 1814 wirkte sich zusätzlich nachteilig auf den unterfränkischen Weinhandel aus. Der Salzimport aus Hessen und Sachsen wurde verboten, worauf auch der Weinhandel in diese Länder zum Erliegen kam. Im Weiteren beschleunigte auch eine Steuerreform den Niedergang des Weinbaus am Main: Da die Winzer ihre Grundsteuern nicht mehr in Naturalien bezahlen durften, versuchten sie durch höhere Mengen, was wiederum zu Lasten der Qualität ging, gegenzusteuern. Damit produzierten sie allerdings am Geschmack der Verbraucher vorbei, die sich immer stärker dem Rheinwein zuwandten.

Statt Reben wurden Obstbäume angepflanzt und statt Frankenwein Bier und

Apfelwein produziert. Nach dem Ersten Weltkrieg versuchte man es mit dem Tabakanbau, der allerdings wegen Blauschimmelbefall 1960 vollständig aufgegeben werden musste.

Nach dem Zweiten Weltkrieg besann man sich wieder auf den Weinbau. Alte Flächen wurden rekultiviert und fortan der Qualität Vorrang eingeräumt.

Eines der Weingüter, die heute Qualitätsweinbau betreiben, ist der Winzerhof von Christine und Stefan Kremer, der – umgeben von Weingärten – direkt am Bach, in der Ortsmitte Großheubachs liegt und dessen Weine bei Prämierungen immer besonders gut abschneiden.

Schon im Jahre 1379 wurde urkundlich belegt, dass zur „unteren Mühle" die besten Weinlagen von Großen Heydenbach, wie Großheubach früher genannt wurde, gehörten und dort auch von den Töchtern Hartwichs aus Röllbach, Petrissa und Mechthild, der Weinbau betrieben wurde. Diese vermachten ihr Erbe dem Deutschen Orden dem sie als

Beginen angehörten. Nach ca. 200 Jahren wurde der Hof und die Liegenschaften vom Deutschen Orden verkauft. Nach mehrmaligem Besitzerwechsel übernahmen die heutigen Besitzer, die Familie Kremer, das Anwesen.

Kremers legen, größten Wert auf einen umweltschonenden und qualitätsbewussten Anbau. Die Weinberge liegen überwiegend in den steilen Terrassenlagen mit ausgeprägtem Kleinklima in denen sich die Rebstöcke wohlfühlen. Die Reben wachsen auf Böden aus verwitterten Buntsandsteinen, die die Wärme tagsüber leicht aufnehmen und in der Nacht wieder an die Rebstöcke abgeben. Die Böden werden überwiegend mit organischen Komposten versorgt. Begrünung zwischen den Rebstöcken verhindert, dass die Nährstoffe aus dem Boden ausgewaschen werden. Die Traubenlese erfolgt selektiv von Hand, wodurch absolute Spitzenweine erzielt werden. Dazu gehören wunderbare Weißburgunder, Chardonnays, Müller-Thurgau und Sil-

Klassik OpenAir im Weingut: Kremers Winzerhof ist während der Sommermonate auch eine verstärkte Spielstätte.

vaner ebenso wie Kerner, Scheurebe, Riesling und Bacchus.

Die Rotweine, insbesondere die Spätburgunder, für die das Weingut einen ausgezeichneten Ruf genießt, werden immer trocken – teilweise im Barrique – ausgebaut. So entstehen fruchtige, rubinrote Weine, die durch komplexe Frucht und Würze bestechen, dabei aber kräftig und geschmeidig sind.

Kremers Winzerhof

Stefan und Christine Kremer

Mühlgasse 12

65920 Großheubach

Tel.: 09371 / 32 70 | Fax. 09371 / 32 71

E-Mail: winzerhof-kremer@t-online.de

www.kremers-winzerhof.de

Verkauf:

Mo. - Fr. 8.30 - 18.30 Uhr, Sa. 8.30 - 15 Uhr

Häckerwirtschaft 5. - 25.4., 19.7. - 6.8.,

Federweißerwoche 10. - 19.11.

Eine andere Spezialität des Winzerhofes ist der Silvaner Sekt brut, der ganz traditionell in der Flasche ausgebaut wird. Die alte Mühle des Anwesens wurde zur gemütlichen Weinprobierstube mit Häckenwirtschaft, in die die Kreationen des Weingutes verkostet werden können, darunter auch solche ausgefallenen Spezialitäten wie Weinhefebrand, Riesling-Wein-Aperitif, Weintraubenlikör oder feine Gelees aus Weiß- und Rotwein.

Noch eine weitere interessante Adresse gilt es in Großheubach aufzusuchen: Adrians Edelbrand-Destillerie direkt an der Hauptstraße (Ortsmitte) gelegen.

Ursprünglich wurde das Unternehmen als Kupferschmiede gegründet. Als zu Anfang des 19. Jahrhunderts der Obstanbau zunahm, lag es nahe, in der Kupferschmiede auch Destillationsgeräte zu fertigen und diese zu vertreiben. Das ist bis heute so geblieben.

Adrians Destillerien genießen einen guten Ruf und werden in die ganze Welt exportiert.

Da die Adrians von Anfang an Destillationsgeräte nicht nur herstellten, sondern auch gleich vor Ort „ausprobierten", entstand als zweites Standbein die eigene Destille, in der weiche, sortentypische Edelobstbrände entstehen. Technische Entwicklungen können so bis heute im eigenen Betrieb ausprobiert und zur Freude der Liebhaber edler Brände unmittelbar umgesetzt werden.

Noch heute steht Seniorchef Adolf Adrian zusammen mit Sohn Hans am „besten Brenngerät unter Gottes Sonne" – wie er die hauseigene Destille voller Stolz nennt. Seiner in rund 80 Jahren gesammelten Erfahrung und seinem Können, ist es zu verdanken, dass Adrians Edelbrände zu den besten gehören, die auf dem Markt angeboten werden.

Neben dem Stolz des Hauses, einem Brand aus der feinfruchtigen fränkischen Reneklode, gehören Destillate aus Wildkirsche, Schlehe, Mirabelle, fränkischer Hauszwetschge, Kumquats (wilde Orange) oder Vogelbeeren ebenso zum Angebot, wie ein aromareicher Waldhimbeergeist.

Edelbrände Adrian GmbH
Hauptstraße 31
63920 Großheubach
Tel.: 09371 / 26 04 | Fax: 09371 / 95 99 10
E-Mail: info@adolf-adrian.de
www.adrian-edelbraende.de
Öffnungszeiten:
Mo. - Fr. 9 - 12.30 und 14 - 18 Uhr
Di. Nachmittag geschlossen | Sa. 9 - 13 Uhr
Degustationen der Brände und Liköre
für Gruppen bis 15 Personen auf Anfrage.

Das Obst, das bei Adrian Verwendung findet, stammt ausschließlich von heimischen Streuobstwiesen, die nach Grundsätzen ökologischer Landschaftspflege betrieben werden.

Die neueste Idee aus dem Hause Adrian manifestiert sich in wunderbaren Pralinen-Creationen, die von Oktober bis März in Zusammenarbeit mit einer Schokoladenmanufaktur in aufwendiger Handarbeit hergestellt werden und Adrians Edelbrände gaumenschmeichelnd umschließen.

Der Leitspruch der Adrians stammt von Joachim Ringelnatz, der Anfang des 20. Jahrhunderts konstatierte:

Die besten Vergrößerungsgläser für die Freuden der Welt sind die, aus denen man trinkt.

Joachim Ringelnatz

Tipp:

Adrians Wissen um die Herstellung großartiger Brände nutzt übrigens auch der Schafhof in Amorbach. Im Herbst, wenn das Obst geerntet und in den Gärbottichen zum Brand entsprechend vorbereitet ist, können die Gäste dem Adrian-Brennmeister in der Schafhof-Brennerei über die Schulter schauen und sich ausführlich über die hohe Kunst des Brennens informieren.

Über die Brenntermine informiert gerne die Schafhof-Rezeption.

Franziskanerkloster Engelberg

Auf einem Weinberg oberhalb von Großheubach thront das barocke Franziskanerkloster Engelberg. Ein Treppenweg mit 612 Stufen, die im Volksmund „Engels-Staffeln" oder „Himmelssteige" genannt werden, führt, an den Stationen eines Kreuzwegs und an sechs Wegkapellen vorbei, hinauf zur Klosterkirche.

Wem der Aufstieg zu beschwerlich ist, der kommt über eine kleine Straße auch mit dem Auto hinauf. Vom Vorplatz der Kirche aus ist ein eindrucksvoller Blick ins Maintal zu genießen: Vor uns liegen linkerhand Miltenberg, das Tal der Mud mit Amorbach und der Klosterruine auf dem Gotthard sowie direkt vor uns → Klein- und Großheubach.

Der Name des Bergrückens Rulesberg, auf dem die Klosteranlage steht sowie der Hünenstein, ein Felsblock mit schüsselartiger Vertiefung, weisen darauf hin, dass hier ursprünglich eine heidnische Kultstätte gewesen sein muss. Die Geschichte des Klosters begann im 14. Jahrhundert, als auf dem Rulesberg eine Holzkapelle errichtet und dem Erzengel Michael gewidmet wurde, dem Kämpfer gegen die heidnischen Götter. Aus dem Rulesberg wurde der Engelsberg. Nachdem um 1310 in der Kapelle noch eine Marienstatue aufgestellt worden war, zur Verehrung der Gottesmutter als Königin der Engel, entwickelte sich der Engelberg zunehmend zu einem beliebten Wallfahrtsort.

Um die große Zahl der Wallfahrer zu betreuen und zu verköstigen, veranlasste 1630 der Mainzer Erzbischof Anselm Kasimir von Wambold den Bau eines Klosters und ließ dieses durch Kapuziner betreuen. Auf Anordnung König Ludwig I. von Bayern führten nach der Säkularisation, seit 1828 Franziskaner das Kloster weiter.

Die Klosterkirche wurde entsprechend den Notwendigkeiten der wachsenden Besucherzahlen über die Jahrhunderte immer wieder erweitert und erhielt so 1899 ihre jetzige Gestalt.

Die Kirche beherbergt auch die Grablege der Fürsten von und zu Löwenstein (→ Weingut Fürst Löwenstein S. 86). Deren Fürstengruft wurde 1845 gebaut, nachdem der Platz in der Marienkapelle als Grabstätte nicht mehr ausreichte.

Der Tradition entsprechend wurden die Pilger immer schon an den Klosterpforten mit Speis und Trank versorgt. Um die große Schar der Engelbergbesucher verköstigen zu können, wurde 1916 eine erste Pilgerstube eingerichtet, die heute – nach mehrfachen Erweiterungen und Umbauten – über 300 Personen in gemütlichen Gasträumen Platz bietet.

Gereicht werden verschiedene Engelberger Brotzeiten und dazu der passende Schankwein aus dem klösterlichen Weinberg, der kleinste Weinberg in Franken, oder ein zünftiges, dunkles Klosterbier vom Fass.

Im alten Weinkeller des Klosters ist heute ein Klosterladen untergebracht, in dem die im Kloster hergestellten Lebensmittel und Getränke zu erwerben sind.

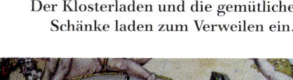

Der Klosterladen und die gemütliche
Schänke laden zum Verweilen ein.

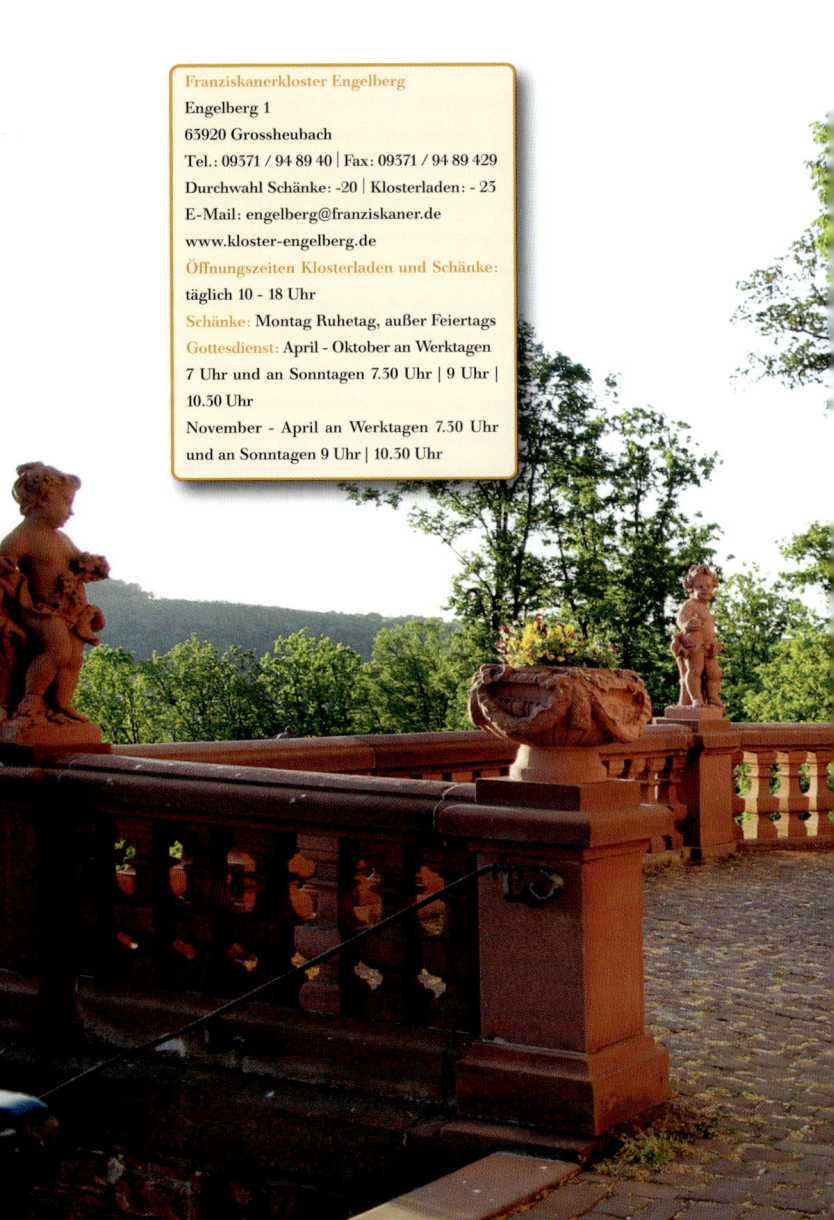

Franziskanerkloster Engelberg

Engelberg 1

63920 Grossheubach

Tel.: 09371 / 94 89 40 | Fax: 09371 / 94 89 429

Durchwahl Schänke: -20 | Klosterladen: - 23

E-Mail: engelberg@franziskaner.de

www.kloster-engelberg.de

Öffnungszeiten Klosterladen und Schänke:
täglich 10 - 18 Uhr

Schänke: Montag Ruhetag, außer Feiertags

Gottesdienst: April - Oktober an Werktagen
7 Uhr und an Sonntagen 7.30 Uhr | 9 Uhr |
10.30 Uhr

November - April an Werktagen 7.30 Uhr
und an Sonntagen 9 Uhr | 10.30 Uhr

Brunnentorturm in Klingenberg

Teehaus

Von Großheubach geht es über eine kleine Straße, die sich zwischen Main und Weinbergen durch landschaftlich reizvolles Gelände schlängelt, weiter nach → Klingenberg.

Klingenberg erreichen wir in ca. acht Kilometern von Süden her. Wenige Meter vor dem Brunnentorturm, durch den früher die Straße direkt in die Altstadt führte, schwenkt die neue Brückenstraße um den Altstadtkern herum, so dass wir diese vom Parkplatz am Rathaus aus, also von Norden her betreten.

Den schönsten Blick über die Stadt und das Maintal genießt man vom Aussichtsturm über der Clingenburg aus. Wir nehmen den Weg durch die Schlucht, der gleich am Übergang der Rathausstraße in die Ludwigstraße beginnt. Der Pfad ist mit den Ziffern (2) und (7) markiert und führt zum Schützenhaus, von wo aus wir die nächste Etappe bis zur ehemals stattlichen Stauferburg auf der Fahrstraße zurücklegen. Diese gehörte zu einer der Burgen, die in der Zeit von Kaiser Barbarossa entlang der großen Flüsse systematisch angelegt wurden, um die Handelswege vor Räuberbanden zu schützen, Gerichtsbarkeit auszuüben und Steuern (den Zehnt oder auch Cent) einzutreiben.

Von der Burg führt ein Pfad in Serpentinen weiter zum Aussichtsturm von 1906, der inmitten einer alten Ringwallanlage steht. Von hier aus hat man eine herrliche Fernsicht über das Maintal und die Höhen von Odenwald und Spessart. Eine allerdings nur am Wochenende bewirtschaftete Schutzhütte des Spessartbundes lädt zur kurzen Rast.

Schloßberg
Schloßberg
Klingenberg
Röllfeld
Engelberger Klostergarten
Bischofsberg
Main
Großheubach
Bischofs-berg
Main-hölle
Bürgstadt
Centgrafenberg
Erf
Miltenberg
Stein-grübler

Der Fränkische Rotweinwanderweg

Unterhalb des Schlosses verläuft der Fränkische Rotweinwanderweg, der mit einer Gesamtlänge von ungefähr 70 Kilometern nördlich von Klingenberg in Großwallstadt beginnt und in sechs Etappen bis nach Bürgstadt zum Centgrafenberg (→ Wanderung 3) führt. Die einzelnen Tagesabschnitte betragen zwischen acht und 15,3 Kilometer. Entlang der Strecke laden zahlreiche interessante Museen, Weingüter und Sehenswürdigkeiten zum Verweilen ein. Reizvoll ist auch die Wanderung auf dem Teilabschnitt zwischen der Klingenberger Altstadt und dem südlich davon gelegenen Stadtteil Röllfeld.

Von der Burgterrasse der Clingenburg aus kann man über den Burgweg in die Wanderstrecke einsteigen, oder vom Weinbaumuseum südlich des Brunnentorturmes aus. In letzterem Fall führt der Weg am Museum über eine Treppe in die Weinlage „Schlossberg" und von dort über die Burgstraße und Johannesweh auf halber Höhe nach Röllfeld. Entfernung: eine Wegstrecke hat 2,5 Kilometer. Dauer: hin und zurück ca. 1,5 Stunden. Wer den gesamten Rotweinwanderweg oder einzelne Etappen begehen möchte, erhält detaillierte Informationen unter: www.fraenkischerrotweinwanderweg.de.

Der Rotweinwanderweg führt von Klingenberg aus auf halber Höhe über Röllfeld nach Großheubach, mit einem bezaubernden Blick ins Maintal.

Mainland Miltenberg - Churfranken e.V.
Engelplatz 69
63897 Miltenberg
Tel.: 09371 / 404 159 │ Fax: 09371 / 94 88 945
E-Mail: info@frankenrotwein.de
www.frankenrotwein.de

Schloss und Weingut Fürst Löwenstein

Unsere nächste und letzte Etappe auf dieser Tour ist Kleinheubach, das wir rasch über die Klingenberger Mainbrücke und die B 469 erreichen oder wie auf dem Hinweg, gemächlich am Main entlang über Großheubach und die dortige neue Mainbrücke.

Unser Ziel ist das stattliche Schloss der Fürsten zu Löwenstein, deren Grablege wir bereits im Kloster Engelberg besichtigen konnten. Das Schloss liegt in einem ausgedehnten, etwa 17 Hektar großen Park, der sich von Kleinheubach in südlicher Richtung am Main entlang bis nach Miltenberg erstreckt.

Die wunderbare Einrichtung bietet bei Feier-
lichkeiten und Veranstaltungen ein feierliches
Ambiente.

Die Planung der heutigen Schlossan-
lage vollzog einer der Architekten des
Versailler Schlosses, Baumeister Louis
Remy de la Fosse, nachdem Dominic
Marquard Fürst zu Löwenstein-Wertheim 1721 die Kleinheubacher Besitzungen gekauft hatte. Ausgeführt wurde es
vom hochfürstlichen Bamberger Baumeister Johannes Dietzenbacher, der damit sein Meisterstück schuf, allerdings
die Fertigstellung des Ensembles 1732
nicht mehr erlebte. Das malerische Barockschloss, das einzige im französischen Stil in Bayern, in dessen Südflügel die fürstliche Familie bis heute
wohnt, steht ansonsten für kulturelle
Veranstaltungen, Tagungen und Feste
zur Verfügung.

Seit nunmehr 400 Jahren ist das Fürstenhaus Löwenstein dem Weinbau verbunden. Dieser ist, neben einer ausgedehnten Forstwirtschaft, einer seiner
Haupteinnahmequellen.

Der Hauptsitz der Weingüter befand
sich lange Zeit in Kreuzwestheim am
Main. Ein weiteres Weingut wird seit
der Mitte des 19. Jahrhunderts in den
besten Riesling-Lagen des Rheingaus
betrieben. Mit dem Auszug der Tele-
kom, die große Teile des Schlosses viele
Jahre hindurch als Schulungs- und Aus-
bildungszentrum nutzte, ergaben sich
neue Möglichkeiten den Fürstlichen
Weingütern im Schlossareal eine
dynamische und zukunftsorientierte
Perspektive zu eröffnen.

In unmittelbarer Nähe zum Schloss
gelegen, verbindet das neue Weingut
Tradition und modernste Technik. Der
ehemalige Marstall, ein historisches Gebäude mit Kreuzgewölben und meter-
dicken Natursteinwänden, nimmt den
neuen, mit zeitgemäßer Technik aus-
gestatteten Weinkeller auf.

Das historische Gebäude wird zusätzlich um einen Neubau ergänzt, der die
Kelterhalle, die Lagerhalle, Sensorik-
räume und die Büros umfasst. Ein
Neubau vollständig als Holzkonstruk-
tion gefertigt. Nichts liegt näher, denn
das Fürstenhaus Löwenstein bewirtschaftet neben Weinbergen eigene
Wälder im Spessart und Odenwald.

Das malerische, am Main gelegene Barockschloss, bietet auch bei sommerlichen Großkonzerten eine beeindruckende Kulisse.

Eingebettet zwischen altem Baumbestand und weiträumigen Parkwiesen soll das Weingut zum Erlebnis für jeden Besucher werden. Die Entspannung und Ruhe, die sich aus der Weite des Raumes in Verbindung mit den Parkanlagen und historischen Gebäuden ergibt, soll auf die Besucher ebenso ausstrahlen wie auf den Wein.

Der Besucher und Gast wird das Weingut Fürst Löwenstein als Ensemble aus Marstall und Holz-Neubau, Schloss und der Vinothek im Dienerbau neu erleben. Im Schlosspark angekommen, kann er für eine Weile die Umgebung vergessen, Weine verkosten, das Weingut besichtigen, zukünftig das Restaurant im Schloss besuchen oder auch im Schlosshotel übernachten.

Weingut Fürst Löwenstein
Schlosspark 5
63924 Kleinheubach
Tel.: 09371 / 948 66 00 | Fax: 09371 / 948 66 33
E-Mail: weingut@loewenstein.de
www.loewenstein.de
Öffnungszeiten der Vinothek:
Mo.-Fr. 10 - 12 und 13 - 18 Uhr
Mi. 10 - 13 Uhr
Sa. 10 - 15 Uhr und nach Vereinbarung

Nach dem Besuch der Vinothek empfiehlt sich noch ein kleiner Rundgang im Schlosspark oder durch die unmittelbar daran angrenzenden Gassen von Kleinheubach mit den so genannten „Hecken", „Vater-unser-Gässchen", schmucken Fachwerkhäusern und klassizistischen Sandsteinfassaden.

Wein probieren, in einer entspannten und persönlichen Atmosphäre, kann man schon jetzt, denn Erbprinz Carl Friedrich zu Löwenstein, der seit einigen Jahren die Geschicke der Familienunternehmen des Hauses auf erfrischende und ideereiche Art lenkt, hat im Vorgriff auf den Umzug des Weingutes im ehemaligen Dienerbau des Schlosses eine Vinothek eingerichtet, in der alle Weinkreationen des Hauses Fürst Löwenstein, Rheingauer wie Franken, probiert und eingekauft werden können.

Edelste Stahltanks und Barrickfässer aus fürstlichen Wäldern, statt schöner Pferde:
wo früher die Rösser standen, lagern nun die edlen Tropfen des fürstlichen Weinguts.

Das Leben ist zu kurz
um schlechten Wein
zu trinken.

Johann Wolfgang von Goethe

Der Homburger Kallmuth, eine der besten und markantesten Lagen Deutschlands.

Boden, Mineralität, Charakter und Nachhaltigkeit sind die Schlüsselbegriffe der fürstlichen Weinphilosophie.

Bekannt ist der Kallmuth vor allem für seine markanten Silvaner und Riesling-Weine.

Auf steilen Weinbergterrassen wird ohne Kompromisse an der optimalen Traubenqualität gearbeitet.

Von Wallfahrern, Madonnen, Bilder-
stöcken und dem früheren Leben
auf dem Lande

4. Tour

Von Amorbach über Schneeberg nach Walldürn und zurück über Gottersdorf und Reichartshausen nach Amorbach

Strecke: ca. 55 km
Reine Fahrzeit: 45 Minuten
Dauer Besichtigungen, Spaziergänge und Aufenthalte unterwegs: ca. 2-4 Stunden

Wir verlassen → Amorbach Richtung Südosten über die B47 in Richtung → Walldürn. Der erste Ort den wir durchfahren ist Schneeberg, seit über 500 Jahren ein bekannter Wallfahrtsort. Der erste Ablassbrief dafür wurde am 23. November 1470 ausgestellt. Ziel der Pilger ist die Muttergottes auf dem Holderstock, eine um 1150 geschaffene hölzerne Figur der thronenden Madonna. Das Kind im roten Gewand sitzt links auf dem Schoß der Mutter und hat den Weltapfel in der Hand, zugleich greift es mit der Linken nach dem Apfel in der rechten Hand der Mutter. Zu besichtigen ist dies in der Pfarrkirche von Schneeberg die als Filiale über Jahrhunderte zur Benediktinerabtei Amorbach gehörte und die noch bis zur Säkularisierung 1803 das Präsentationsrecht ausübte und deren Patres die Pfarrei versahen.

Eine Erklärung für die Bezeichnung Muttergottes auf dem Holderstock findet sich in alten Aufzeichnungen aus dem Jahre 1739, wo es heißt, dass vor Erbauung der Gnadenkapelle (1521) das Marienbild des Öfteren außerhalb der Kirche auf einem Holunderstock gestanden habe.

Schneeberg liegt an der Nibelungen-Siegfriedstraße [→ Tour 2], die in Worms, der Stadt der Nibelungen beginnt. Die Siegfriedstraße durchquert den Odenwald über Worms, Lorsch, Heppenheim, → Beerfelden, Ernstthal, Kirchzell, Amorbach, Schneeberg, Rippberg, Walldürn, → Buchen und Tauberbischofsheim, um nur einige Orte zu nennen und endet in Wertheim am Main.

Wir fahren auf der B47 weiter durch Rippbach [→ Tour 5] und erreichen bald darauf Walldürn. Walldürn bezeichnet sich heute als Blumen- und Lichterstadt und gehört seit dem 15. Jahrhundert zu den bedeutendsten deutschen Wallfahrts- und Pilgerorten. Die große Basilika, im Zentrum des kleines Städtchens, wird jedes Jahr von über 150.000 Pilgern besucht.

Sehenswert sind neben dem Stadt- und Wallfahrtsmuseum auch das Alte Rathaus, sowie einige Kleinode, die sich während eines Stadtrundganges erst auf den zweiten Blick erschließen.

Narren im Gespräch, Brunnen von Rainer Stolz.

Durch die zahlreichen Pilger entwickelten sich verschiedene Handwerks- und Handelsbereiche. Außer der Bildhauerei, prosperierten auch die Gilden der Holzschnitzer, Kerzenmacher und Kunstblumenhändler.

In der Stützmauer des Aufgangs zur Basilika zeugen eine Reihe schöner Grab- und Gedenkplatten von der großen Kunst der Steinmetze vergangener Tage. Die Tradition der Bildhauerei setzt sich bis heute fort. Vielerorts begegnet man Brunnen, Figurengruppen, moderne Statuen oder Denkmäler, die von zeitgenössischen Künstlern gestaltet wurden. Besonders hinzuweisen ist auf die Figurengruppe der „Walldürner Geschichtsprozession" von Christiane Häringer und auf den „Schalkbrunnen" vor dem historischen Rathaus.

Eine weitere Handwerkstradition wird in der Ortsmitte im Hutatelier Lang gepflegt, dem Rathaus gegenüber.

Die Virtuosität, mit der Modistenmeister Richard Lang aktuelle Trends, zeitlose Eleganz und handwerkliches Können in jeder Kollektion zusammen bringt, ist zum Markenzeichen geworden. Wer erleben möchte, wie ein Hut individuell entworfen und gefertig wird, der sollte diesem kleinen Laden in Walldürn einen Besuch abstatten.

Hutatelier Lang
Hauptstraße 32
74731 Walldürn
Tel.: 06282 / 259 | Fax: 06282 / 402 65
E-Mail: kontakt@hutatelier-lang.de
www.hutatelier-lang.de
Öffnungszeiten:
Mo. - Fr. 9.30 - 12.30 Uhr und 15 - 18 Uhr
Mittwoch geschlossen | Sa. 9.30 - 12.30 Uhr
oder nach Vereinbarung.

Grabplatte in der Stützmauer am Aufgang zur Basilika

Wir verlassen Walldürn wieder auf der B47 in Richtung Amorbach, biegen aber bereits wenige Kilometer nach dem Ortsschild rechts in eine kleine Straße (unter dem Bahnviadukt hindurch), die uns steil bergan nach Gerolzahn führt. Nach dem Ort geht es nach links über eine kleine Landstraße Richtung Miltenberg und schon nach wenigen Kilometern erneut links ins idyllische Gottersdorf. Mitten im Ort empfängt uns der ehemalige Klosterweiher, der durch Aufstauen eines kleines Baches bereits im 14. Jahrhundert vom Kloster Amorbach hier angelegt wurde, um den Fischbedarf des Klosters decken zu können. Im Rahmen der Säkularisation des Klosters fiel der Weiher 1803 ins Besitztum der Fürsten zu Leiningen, die auch das Kloster Amorbach übernahmen, 1986 aber den See und das umliegende Gelände an die Stadt Walldürn verkauften. Heute ist der Weiher ein hochwertiges Biotop und gehört zum Freilandmuseum, dem wir nun einen Besuch abstatten.

Das Gottersdorfer Freilandmuseum ist insofern eine Besonderheit, als es sich mit seinen verschiedenen Gebäuden und Anlagen harmonisch in die Landschaft einfügt und so wirkt als sei es ein real gewachsenes Dorf.

Baugruppe Odenwald

1 Großbauernhaus Schüßler
   mit Sonderausstellung
1a Scheune Schüßler
   mit Wagnerwerkstatt
2 Kleinbauernhof
   mit Sonderausstellung
2a Waaghäuschen
3 Schweine- und Hühnerstall
4 Schäferhaus
5 Tagelöhnerhaus
6 Bauernhaus
   mit Sonderausstellung
7 Hausgarten
8 Stallscheune
9 Armen- und Gemeindehaus
10 Ziegelhütte
11 Dresch-/Festhalle
12 Verwaltung mit Bauernhof

Baugruppe Bauland

1 Grünkerndarre
   mit Sonderausstellung
2 Bauernhaus
3 Bauernhaus
3a Tagelöhnerhaus
4 Grünkerndarre
5 Feldscheune
   mit Sonderausstellung
6 Bienenstand

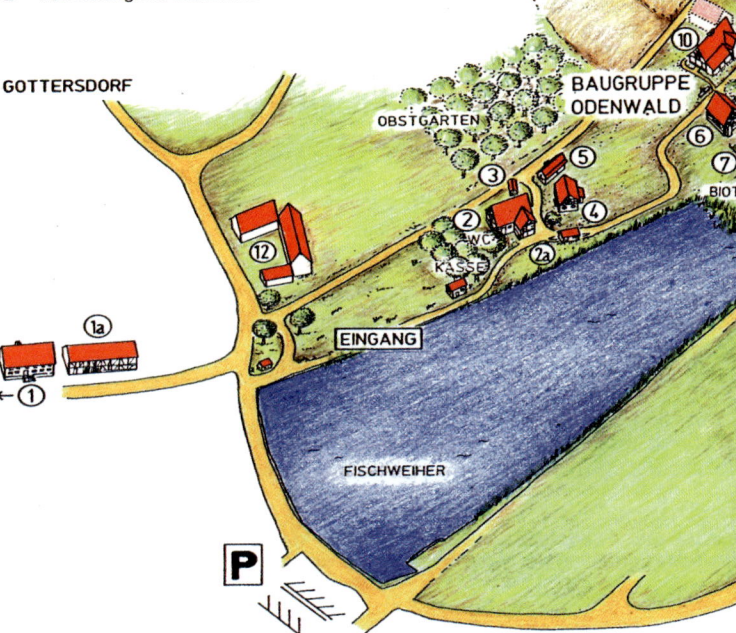

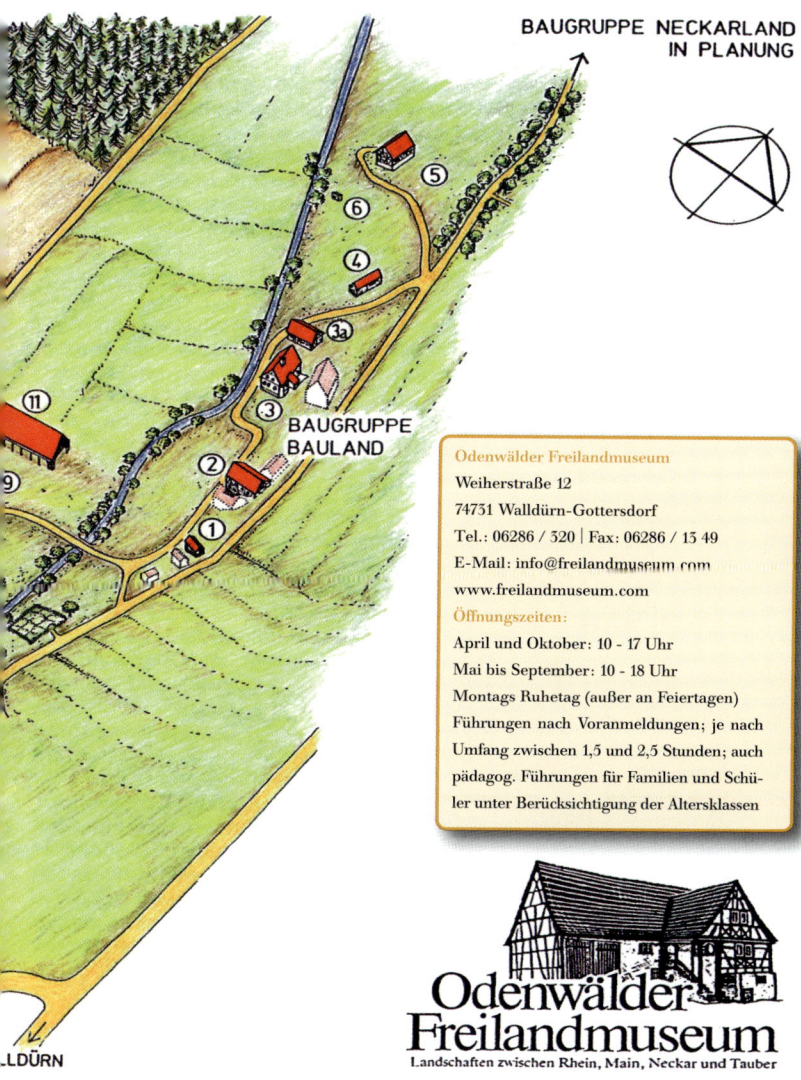

BAUGRUPPE NECKARLAND
IN PLANUNG

BAUGRUPPE
BAULAND

Odenwälder Freilandmuseum
Weiherstraße 12
74731 Walldürn-Gottersdorf
Tel.: 06286 / 520 | Fax: 06286 / 13 49
E-Mail: info@freilandmuseum.com
www.freilandmuseum.com
Öffnungszeiten:
April und Oktober: 10 - 17 Uhr
Mai bis September: 10 - 18 Uhr
Montags Ruhetag (außer an Feiertagen)
Führungen nach Voranmeldungen; je nach
Umfang zwischen 1,5 und 2,5 Stunden; auch
pädagog. Führungen für Familien und Schü-
ler unter Berücksichtigung der Altersklassen

Odenwälder Freilandmuseum
Landschaften zwischen Rhein, Main, Neckar und Tauber

Dieser Eindruck wird noch dadurch verstärkt, dass bestehende Gottersdorfer Häuser, wie der Schüssler Hof von 1725, ebenfalls zum Museum gehören, obwohl sie nicht wie andere Gebäude hierher versetzt wurden. Zum Museumskonzept gehört es, die original erhaltenen Stuben, Stallungen, Werkstätten und Lebenszeugnisse vergangener Jahrhunderte so zu präsentieren, dass die Besucher sich mühelos in die Lebensumstände der ehemaligen Bewohner hineindenken können.

Man erfährt eine Menge interessanter Details über die tägliche Arbeit der bäuerlichen Familien, der Handwerker, Tagelöhner, Dorfhirten oder der Dorfhebamme. Die Volks- und Handwerkskunst wird ebenso lebendig, wie die Kulturgeschichte. Zu den Besonderheiten in Gottersdorf gehört neben der einzigen in einem deutschen Museum erhaltenen vorindustriellen Ziegelei von 1788, in der Ziegel in Handarbeit hergestellt wurden, und den in einem Hof freigelegten Wandmalereien, eine rekonstruierte dörfliche Postagentur von 1920. Ebenso sind hier die Holzrauchdarren zur Herstellung der heimischen Spezialität des Grünkern zu finden [→ Tour 6].

Wir verlassen Gottersdorf jetzt in westlicher Richtung und erreichen über ein kleines Sträßchen und das Dörfchen Reichartshausen schon nach kurzer Zeit die ersten Häuser von Amorbach.

Bildstöcke und Marterl

Das Pilgertum im östlichen Odenwald führte zu zahlreichen Bildstöcken, Mariensäulen und Fürbitten, religiösen Kleindenkmäler, die auch heute noch die Landschaft prägen. Bildstöcke oder Marterl sind Zeitzeugen und erinnern an die tiefe Volksfrömmigkeit vergangener Generationen. Sie wurden oft aus Dankbarkeit nach einem überstandenen Leiden aufgestellt oder als Erinnerung an einen Toten, der auf Grund eines Unglücks oder Gewalt sein Leben einbüßte. Im Großraum Walldürn gibt es sie so zahlreich, dass man heute zu Recht vom „Madonnenländchen" spricht, eine Bezeichnung die der Freiburger Schriftsteller Eris Busse zu Beginn des 20. Jahrhunderts erstmals einführte, um die idyllische Gegend zwischen Main, Neckar und Tauber zu charakterisieren. Mittelpunkt dieser einzigartigen religiös geprägten Kulturlandschaft ist Walldürn mit seiner Basilika, in der das so genannte Bluttuch aufbewahrt wird, eine Reliquie, die auf ein Missgeschick im Jahre 1330 zurückgeht, als der damalige Priester Heinrich Otto versehentlich den bereits gesegneten Altarkelch umstieß und sich auf einem darunter befindlichen Leinentuch das Dornen umwundene Haupt Christi blutend rot abzeichnete. Der Volksbrauch der Bildstöcke sorgte auch dafür, dass sich die Steinmetzkunst und die Bildhauerei stark entwickeln konnten, was letztlich auch im profanen Bereich, wie in den vielfältigen Verzierungen der Häuser, seinen Niederschlag fand.

Bildstöcke, Heiligenfiguren und Marterl sind nicht nur historischer Ausdruck der Frömmigkeit. In jedem dieser kleinen Denkmäler ist eine Geschichte oder ein persönliches Schicksal verborgen.

HONORI
CRVCIFIXI · IESV · CVX · HAEC SACRA
AC
VENERATIONI · PIORVM
EST ERECTA

Reizvolle Natur und wechselvolle
Geschichte: die ehemaligen Besitzungen
des Klosters   Amorbach

5. Tour
Von Amorbach über Rippberg nach Hornbach und weiter über Steinbach, Buchen, Rumpfen, Mudau und zurück nach Amorbach

Strecke: ca. 62 km
Reine Fahrzeit: 70 Minuten
Dauer Besichtigungen, Spaziergänge und
Aufenthalte unterwegs: **ca. 3-4 Stunden**

Der Amorbacher Abt Ezelin erwarb nach 1050 ca. 100 qm Wald rund um Mudau. Das Waldgelände wurde später, im Jahre 1271, zur Zehnt Mudau zusammengefasst und das menschenleere Gebiet unter Führung des Klosters durch planmäßige Rodungen besiedelt.

Watterbacher Tragaltar, um 1020

Im Watterbacher Tragaltar, eine bedeutende Goldschmiedearbeit des frühen 11. Jahrhunderts, die heute im Bayerischen Nationalmuseum in Nürnberg aufbewahrt wird und die ursprünglich für Amorbach geschaffen worden war, wurde in den Amorbacher Traditionsnotizen festgehalten, wie der Klosterbesitz durch Schenkungen und Ankäufe erweitert wurde. Diese Notizen sind eine der wichtigsten Quellen zur hochmittelalterlichen Geschichte des hinteren Odenwalds und sind zugleich das älteste Besitzverzeichnis des Klosters Amorbach. In ihm werden Güter in 52 Orten der Region aufgeführt, die zum Kloster gehörten. Unsere Tour führt uns durch einen Teil dieses ehemaligen Klosterbesitzes, einer überaus reizvollen Naturlandschaft mit einer wechselvollen Geschichte, die es „auf den zweiten Blick" zu entdecken gilt.

Wir nehmen von Amorbach aus die B47 in Richtung → Walldürn. Zunächst geht es wieder durch das idyllische Hambrunner Tal zwischen dem Sonnenberg und dem Winterberg bis Rippberg.

Rippberg
Einst prächtiger Herrensitz von Dietrich Echter von Mespelbrunn

1197 wurde Rippberg, damals noch unter dem Namen „Rietberg", erstmals urkundlich erwähnt. Der Name leitet sich ab aus Riet = Sumpf, Moor und den umliegenden Bergen, also „Berg im Ried". In einem Diplom verfügt der Edelherr Rupertus I. von Dürn vor seiner Abreise nach Italien, dass über alle seine Güter zu „Rietberg" das Kloster Amorbach die Eigentumsrechte antrete. Sein Enkel Konrad I. ließ 1250 eine Wasserburg in Rippberg bauen.

Als Ritter Schweikart von Dürn als letzter seines Geschlechts im Jahre 1575 verstarb, fiel der Besitz an das Hochstift zu Würzburg. 1576 wird Dietrich Echter von Mespelbrunn Lehnsherr der Rippberger Güter und schuf sich in Rippberg aus der alten Wasserburg einen prunkvollen Herrensitz und erbaute die Bergkirche.

1594 erhob Bischof Julius von Würzburg Rippberg zu einer selbständigen Pfarrei und vereinigte in ihr Groß- und Kleinhornbach, Hambrunn, die „Linkenmühle", die „Obermühle", Rippberg, den „Kummershof", Gottersdorf, Gerolzahn und Neusaß.

Die Zugehörigkeit zum Geltungsbereich des Kloster Amorbachs ist in mehreren Dokumenten für viele Jahrhunderte nachgewiesen.

Nachdem das Geschlecht Echter ausstarb, fiel das Lehen Rippberg erneut an das Würzburger Hochstift zurück, welches Rippberg, Hornbach und die in der Nähe gelegenen Besitzungen vereinigte und bis 1803 verwaltete. Von 1803 bis 1806 gehörte Hornbach dann zum Fürstentum Leiningen und ab 1806 zum Großherzogtum Baden.

Dort, in der Ortsmitte, biegen wir rechts ab nach Hornbach. Vor der Marsbachbrücke lohnt sich ein kurzer Halt, denn linkerhand sind die Reste der alten Wasserburg zu sehen, deren Ursprung im 13. Jahrhundert liegt und die heute als Wohnhaus genutzt wird. Die Landstraße nach Hornbach, einem Ortsteil von Rippberg, schlängelt sich etwa vier Kilometer durch eine sehr schöne Waldlandschaft auf die Höhe hinauf. Hornbach wird durch eine imposante Kirche im regionaltypischen, roten Sandstein bekrönt. Etwas unterhalb steht ein besonders prächtiges Exemplar eines Fürbitte-Altars und ihm gegenüber der Gasthof zum Lamm.

Von Hornbach führt die kleine Straße weiter über Hettigenbeuern, das von seiner Gründung im Jahre 1306 bis 1806, ununterbrochen zum Kloster Amorbach gehörte. Während im Mittelalter vornehmlich Steinmetzarbeiten zur Ernährung der Bevölkerung beitrugen, verlagerte sich der Erwerb im ausgehenden Mittelalter immer mehr auf die Landwirtschaft. In der Mitte des 19. Jahrhunderts kam es zu einem Aufschwung, als durch Einheirat einer Frau aus der Rheinebene der Tabakanbau als neue Einnahmequelle in Hettigenbeuern Einzug hielt. Begünstigt durch das milde Klima wurde dieser immerhin bis ins Jahr 2000 betrieben.

Anno 1755 hat andoni Ott und Efa seine ehliche Haußfrau haben dies bitt aufrichten lassen.

Im Gasthof zum Lamm gibt es eine zünftige Brotzeit zum frischen Bier.

Kletterwand im Hochseilgarten Steinbach

Von Hettigenbeuern führt eine schmale Waldstraße nach Steinbach wo wir dem Hochseilgarten einen kleinen Besuch abstatten. Dieser liegt auf einer kleinen Anhöhe mit reizvollem Blick auf den kleinen Ort. Betrieben wird die Anlage durch Klaus Herrmann und Gerhard Rippberger, zwei erfahrene Outdoorspezialisten, die in einer naturbelassenen Odenwaldidylle mit ihrer Firma „eventure park" eine sehenswerte Ansammlung verschiedener Outdoorparcours mit unterschiedlichen Schwierigkeitsgraden unterhalten.

Über Rumpfen geht es weiter nach → Buchen, der nächsten Etappe unserer Tour.

eventure park

Klaus Herrmann & Gerhard Rippberger

Winterberg 5

69427 Mudau-Steinbach

Tel.: 06284 / 92 99 933 / Fax: 06284 / 92 99 966

E-Mail: info@eventurepark.de

www.eventurepark.de

Ein besonderer Reiz, des inmitten von sanft geschwungenen Hügeln liegenden Ortes, geht von dem recht gut erhaltenen mittelalterlichen Stadtkern mit seinen hübschen Fachwerkhäusern, aus. Hier sind besonders die erst in jüngster Zeit wieder freigelegten Häuser der Kellereistraße zu nennen.

Aber auch ein Rundgang durch die alten Gassen fördert manch interessanten Eindruck zu Tage. So weist die offene Markthalle unter dem mittelalterlichen Rathaus, das mit zahlreichen Neidköpfen geschmückt ist, die Besonderheit auf, dass ein Zugang zur Stadtkirche durch die Markthalle hindurch führt.

Besonders zu empfehlen ist der Besuch der Kurmainzschen Amtskellerei, einem stattlichen Altstadtensemble in dessen einzelnen Gebäuden heute das Bezirksmuseum Buchen untergebracht ist. Von hier aus brach der „Helle Haufen" der Odenwaldbauern und Ritter, mit Götz von Berlichingen an der Spitze, 1525 nach Amorbach auf, um die Obrigkeit zur Minderung der Abgabenlast zu zwingen.

Sehenswert ist auch der Buchener Blecker, eingelassen in eine Hauswand in der Vorstadtstraße, die Symbolfigur der Buchener Faschenacht [→ Buchen] und die erst 2002 entdeckten und freigelegten Gewölbe der alten Synagoge unter dem Jakob-Mayer Platz [→ Buchen].

Eberstadter Tropfsteinhöhle

Grundwassersee im vor der Tropfsteinhöhle liegenden alten Steinbruch.

Unsere nächste Station auf dieser Tour ist die Tropfsteinhöhle in Eberstadt. Der atemberaubende Formenreichtum der ein bis zwei Millionen Jahre alten Höhle hinterlässt bei jedem Besucher einen unvergesslichen Eindruck. Das geologische Naturdenkmal, das erst 1971 bei Sprengungen entdeckt wurde, ist 600 m lang, Höhe und Breite schwanken zwischen zwei bis acht Metern. Innerhalb der Höhle liegt die Temperatur konstant bei 11 Grad Celsius, die Luftfeuchtigkeit etwa bei 95%.

Wunderschöne Sinterbildungen an den Wänden und am Höhlenboden, Stalaktiten und Stalagmiten genannt, regen die Fantasie der Besucher an, die auf gut ausgebauten Wegen die Höhle durch-

Touristik-Information Buchen
Platz am Bild
74722 Buchen
Tel.: 06281 / 27 80 | Fax: 06281 / 27 32
E-Mail: verkehrsamt-buchen@t-online.de
www.buchen.de
Öffnungszeiten:
1. März bis 31. Oktober täglich 10 - 16 Uhr
Führungsbeginn zur vollen Stunde
letzte Führung um 16 Uhr
März/April und Sept./Oktober: Mo. Ruhetag
Sonderführungen sind möglich.

wandern können. Vom Netzwerk Europäischer Geoparks wurde die Eberstädter Tropfsteinhöhle zu einem von insgesamt fünf Geopark-Eingangstoren im Odenwald bestimmt.

Am Parkplatz am Grundwassersee beginnt ein im Jahre 1995 eingerichteter geologischer Lehrpfad. Dieser erläutert auf Informationstafeln die Entstehung der Tropfsteinhöhle und die wichtigsten geologischen Formationen in Baden-Württemberg. Der Lehrpfad ist knapp einen Kilometer lang und bietet auch Einblicke in die Abbaubereiche des benachbarten Steinbruchs. Vom Parkplatz aus fahren wir zunächst zurück in Richtung Buchen und nehmen, entweder über die B 27 oder über die kleine Landstraße via Rumpfen, Kurs auf Mudau.

Mudau und die Wirren der Geschichte

Ab dem 12. Jahrhundert unterstanden die Orte rund um Mudau der Vogtei der Herren von Dürn und wurden der nahen Burg Wildenberg zugeordnet.
Durch Kauf gelangten die Herrschaftsrechte 1271 an das Erzstift Mainz. Mudau war zu dieser Zeit Hauptort des Mudauer Zehnt. Im Bauernkrieg von 1525 wird das nahe gelegene Kloster Amorbach geplündert und die Burg Wildenberg zerstört. Götz von Berlichingen ist der Anführer des „Hellen Haufens". Im Dreißigjährigen Krieg marschierten unterschiedliche Kriegsparteien durch Mudau und nahmen hier Quartier. Im 17. Jahrhundert entwickelte sich Mudau zu einem bedeutenden Marktflecken, an dem mehrmals im Jahr Viehmärkte abgehalten wurden.
Nach der Säkularisation kam Mudau 1803 kurzzeitig in den Herrschaftsbereich des Fürstentums Leiningen. Nur drei Jahre später wurde dieses durch die Rheinbundakte aufgelöst und Mudau dem Großherzogtum Baden zugeschlagen. In der Märzrevolution von 1848 werden das leiningische Hofgut Marienhöhe bei Buchen und das Rentamt in Ernstthal [→ Tour 1] in Brand gesteckt, die Rathäuser gestürmt, und im Jahr darauf durch einen Großbrand zwei Drittel von Mudau zerstört.

Von Mudau führt uns die Straße in Richtung Norden durch das malerische Tal der Mud nach Amorbach zurück. Die kleinen Weiler Ünglert und Buch, die wir unterwegs passieren, wurden wie die meisten anderen kleinen Ortschaften um Mudau herum im Hochmittelalter durch die Benediktiner der Abtei Amorbacher gegründet. In Ünglert, wo das Donebächlein in die Mud fließt, baute man im Laufe der Zeit fünf Mühlen, in denen das durch den Zehnt „eingenommene" Getreide verarbeitet werden konnte. Heute steht allerdings nur noch ein Teil der einst stattlichen Riesenmühle.

Spezialitäten & Edelobstbrennerei Bauer

Kurz bevor wir nach Amorbach hinein-
fahren, geht es rechts ab zur Gemeinde
Beuchen, wo wir der Edelobstbrennerei
von Gerhard Bauer noch einen Besuch
abstatten wollen.

Auf einer kleinen, gut ausgebauten
Nebenstraße, die sich langsam anstei-
gend durch sanfte Hügel und Wälder
windet, erreichen wir nach ungefähr
fünf Kilometern den kleinen Ortsteil
Amorbach.

Am Ende des Ortes Beuchen finden
wir sie, die Spezialitätenbrennerei Bauer, aus der die berühmten Wildsau-
Tropfen kommen. Aber natürlich auch
Williams Christ Birnen-Brand, Schle-
hengeist, Wildkirsch-, Wildholunder-
und Vogelbeerbrand oder Zwetschgen-,
Kirsch- und Mirabellenwasser sowie
zahlreiche Brände und andere Geister
sowie Liköre, die es in sich haben:
Spitzenbrände in höchster Vollendung,
mit einem vollmundigem Aroma, viele
davon mit Auszeichnungen versehen.

Spezialitäten & Edelobstbrennerei Bauer

Beuchen 70-72

63916 Amorbach

Tel.: 09373 / 17 16 | Fax: 09373 / 45 74

E-Mail: info@bauers-wildsau.de

www.bauers-wildsau.de

Verkaufsstellen

Amorbach	Miltenberg
Schmiedsgasse 16	Marktplatz 163
Öffnungszeiten:	Öffnungszeiten:
Mo. - Fr.	Mo. - Fr.
9.50 - 12.50 Uhr	9.50 - 13 Uhr
und 14 - 18 Uhr	und 14 - 18 Uhr
Sa. 9.50 - 12.50 Uhr	Sa. 9 - 16 Uhr

Blick auf Miltenberg und die Mainschleife vom Centgrafenberg.

3. Wanderung
Über den Rotwein-Rundwanderweg am Centgrafenberg in Bürgstadt

Strecke: ca. 4 -5 km bei Start in Bürgstadt;
ab Miltenberg plus 2-3 km je nach Startpunkt
Dauer: 1-2 Stunden;
ab Miltenberg plus 1-1,5 Stunden
Kategorie: leicht [Abstecher zur Centgrafenkapelle mittel-schwer]; bei Sonne unbedingt
Kopfbedeckung mitnehmen.

Der Weinlehrpfad am Centgrafenberg (6,8 km) ist in gut zwei Stunden zu erwandern. Wenn man mit dem Auto anreist, empfiehlt sich der PKW-Parkplatz an der Bürgstädter Tabakhalle als Ausgangspunkt. Der Anstieg erfolgt über den Hohenlindenweg und dann links in den Centgrafenweg. Zu Beginn des Rundweges gibt es die Möglichkeit ein Abstecher zur Centgrafenkapelle zu unternehmen, von wo aus man einen wunderschönen Blick auf das Miltenberger Maintal genießen kann.

Die Centgrafenkapelle

Der Name der Kapelle geht auf Leonhard Gackstadt zurück, der zwischen 1626 und 1655 Centgraf des Mainzer Erzstiftes Bürgstadt war. Eines seiner ehrgeizigsten Bauvorhaben war der Bau einer Kapelle auf dem Centgrafenberg, welches im Frühsommer 1629 begonnen wurde.

Im Dreißigjährigen Krieg wurden die Bauarbeiten unterbrochen, als protestantische Schweden ins Maingebiet vordrangen und die katholischen Besitztümer plünderten und zerstörten. Auch nach dem Krieg wurden die Arbeiten aus unbekannten Gründen nicht wieder aufgenommen, so dass die Centgrafenkapelle bis heute halbfertig blieb.

Die Weinberghäuschen sind ein prägender Bestandteil der weinkulturellen Landschaft. Früher dienten sie dem „Häcker" als Abstellplatz für seine Arbeitsgeräte, als Unterstellmöglichkeit bei Regen und auch als Platz, um sich bei einer zünftigen Brotzeit für die anstrengende Arbeit im Weinberg zu stärken.

Ansonsten folgen wir dem Zeichen eines Weinglases über den oberen Weinbergsweg zu den neu angelegten Weinbergen der Flurbereinigung. Der Weg führt durch eine mediterran anmutende Landschaft, vorbei an aufgelassenen Weinbergen, deren Terrassen von kunstvoll aufgesetzten Bruchsteinmauern eingefasst werden und auf denen frisch renovierte Weinberghäuschen ihren Besitzern wunderbare Blicke über die Rebstöcke ins Tal ermöglichen.

Heute haben die Weinberghäuschen teilweise die Ausmaße eines Wochenendhauses, sind meist mit Strom und Wasser versorgt und werden von einigen Winzern auch für stimmungsvolle Weinproben im Weinberg genutzt.

Die Weinberge um → Bürgstadt gehören schon seit Jahrhunderten zu den bekannten Anbauflächen für Rotwein.

Der Buntsandstein, aus dem durch Verwitterung die Weinbergsböden entstanden sind, beeinflusst das Kleinklima und damit wesentliche Entwicklungsfaktoren im Rebenjahr. Die Rebwurzeln erkämpfen sich in etwa 60 cm Tiefe die Wasservorräte und die darin gelösten Nährstoffe. Eine vortreffliche Voraussetzung für den Anbau von Burgunderreben. Bürgstadt ist heute der bedeutendste Anbauort für Spätburgunder in Franken.

Unser Weinlehrpfad führt ca. 30 Minuten weiter bis zum Ende der Anlage, dann abwärts bis zum mittleren Erfweg, der mit einem wunderbaren Blick in das Erftal in Richtung Bürgstadt zurückführt. Entlang des Weges wurden zahlreiche Schautafeln aufgestellt, die über den Weinbau am Centgrafenberg, die angebauten Rebsorten und allerlei andere wissenswerte Details anschaulich informieren.

In Bürgstadt empfehlen sich, neben dem Weinbaumuseum, eine Reihe namhafte, Weingüter in denen man Wein probieren und direkt ab Hof einkaufen kann und deren Besenwirtschaften, die man hier „Häckerwirtschaften" nennt, im abgestimmten Wechsel der Öffnungszeiten hervorragende fränkische Küche zum Schoppen Wein kredenzen.

Der Fürst vom Centgrafenberg

Terrasse im Weingut Fürst mit Blick auf das Erftal. / Mediterraner Flair im Hof des Weingutes.

Weingut Rudolf Fürst
Hohenlindenweg 46
63927 Bürgstadt am Main
Tel.: 09371 / 86 42 │ Fax: 09371 / 69 230
E-Mail: info@weingut-rudolf-fuerst.de
Verkauf:
Mo. - Fr. 9 - 12 Uhr und 14 - 18 Uhr
Sa. 10 - 15 Uhr

Weinlese „anno dazumal" auf einem Wandteppich im Weingut Fürst.

Mitten im Weinbaugebiet des Centgrafenberges liegt das Weingut Fürst, dem wir zum Abschluss unserer Weinbergwanderung einen Besuch abstatten. Die meisten Weinberge des Gutes sind in zwanzig Parzellen über den Centgrafenberg verteilt. Einige Rebflächen werden darüber hinaus in Klingenberg und in Volkach bewirtschaftet.

Paul und Monika Fürst betreiben mit Sohn Andreas den Weinbau in langer Familientradition bereits seit 1638. Die einmalige Lage in den Weinbergen über Bürgstadt sowie das stilvolle Ambiente machen das Weingut zu einer ersten Adresse für Weinliebhaber.

Schonender Weinausbau mit langer Holzfasslagerung sind im Weingut Fürst die Garanten für eine exzellente Substanz der Weine. Frühburgunder, eine alte autochtone Rebsorte der Maingegend, wird im Weingut Fürst wieder verstärkt angebaut, ebenso wie die typischen, trockenen Frankenweine von Riesling, Weißer Burgunder und Silvaner. Stolz ist man im Weingut Rudolf Fürst darauf, dass diese Weine als ideale Begleiter feiner Speisen mittlerweile den Weg in die besten Restaurants des Landes gefunden haben.

Pionier des fränkischen Rotweins

Das Weingut Rudolf Fürst, einer der besten Weinbaubetriebe Bürgstadts, mit einem exzellenten Ruf weit über die Maingrenzen hinaus, füllt auch einen seiner besten Spätburgunder exklusiv für den Schafhof in Amorbach ab.

Für die Fürst-Weine ist der Holzfassausbau sehr wichtig, da er eine langsame, kontrollierte Reifung (Oxydation) ermöglicht. Zahlreiche neue, kleine Holzfässer werden eingesetzt, um die Weine zu formen und in ihrer Entwicklung zu unterstützen.

Entdeckungen im Bauland und am obergermanischen Limes

6. Tour

Von Amorbach über Mudau nach Adelsheim und über Osterburken, Walldürn und Miltenberg zurück nach Amorbach

Strecke: ca. 85 km
Reine Fahrzeit: 2 Stunden
Dauer Besichtigungen, Spaziergänge und
Aufenthalte unterwegs: ca. 3-4 Stunden

Tipp:
Diese Tour kann auch mit Tour 4, ganz oder teilweise, kombiniert werden.

Wir verlassen Amorbach in südlicher Richtung und fahren über Mudau [→ Tour 5] zur B 27, der wir etwa vier Kilometer in Richtung → Buchen, bis zum Abzweig nach → Adelsheim, folgen. Wir durchqueren Seckbach und auf landschaftlich schöner Strecke, kurze Zeit später Zimmern, wo es sich lohnt in den Ort hinein zu fahren und dem alten Schulhaus einen Besuch abzustatten.

Schulhaus Restaurant
Dekan-Blatz-Straße 25
74743 Seckach-Zimmern
Tel.: 06291 / 62 52 51
E-Mail: info@schulhaus-zimmern.de
www.schulhaus-zimmern.de
Küchenzeiten:
Do. - So. 11 - 14 Uhr
Di. - So. 18 - 22 Uhr
Montag Ruhetag

Die alte Dorfschule aus dem 19. Jahrhundert ist zwar schon lange außer Betrieb, beherbergt aber dafür eine nette Gaststätte, die mit ihrem Konzept das Thema Schule erlebbar mit einbezieht: die Speisekarten gibt es in der Form eines Schulheftes, der Pausenhof wurde zum Biergarten und der Gewölbekeller „Nachsitzer" empfiehlt sich für gemütliche Feiern und lockere Runden nach dem Essen. Das Lehrerzimmer unterm Dach bietet das passende Ambiente für kleine Schulungen und Konferenzen. Am Herd verantwortlich zeigen sich Alexander Weinlein und Eduard Engels. Die angebotenen Gerichte werden in den ehemaligen Schulsälen 1 und 2 serviert und kommen, entsprechen der regionalen Tradition, unkompliziert und frisch daher. Die gesamte Atmosphäre ist gepflegt, aber locker leger. Der Service zelebriert ein höfliches DU, ganz so, wie wir es aus unserer Schulzeit kennen.

Das Römermuseum Osterburken in der Nähe des UNESCO-Weltkulturerbe Limes.

In der ehemaligen Amtsstadt Adelsheim ist eine ganze Menge zu entdecken. Adelige Ritter prägten die Geschichte und Entwicklung der kleinen Gemeinde, die seit 1374 Stadtrechte genießt. Als Reichsritter waren sie mit Verwaltungsaufgaben, der Gerichtsbarkeit und dem Eintreiben der Steuern, dem Zehnt betraut. Sie brachten es damit zu beachtlichem Wohlstand, worauf noch heute einige eindrucksvolle Gebäude hinweisen. Dazu gehören das Adam'sche Schlösschen ebenso, wie die Zehntscheune, Reste der alten Wehrbefestigung und die allerdings mehrfach um- und ausgebauten stattlichen Gebäude des Unter- und des Oberschlosses. Im weit verzweigten Netz der europäischen Pilgerwege spielte Adelsheim eine bedeutende Rolle als Pilgerstation, wovon die Jakobskirche mit der Grablege der Adelsheimer Ritter Zeugnis ablegt. Jeden Sommer organisiert ein rühriger Verein ein umfangreiches Konzert-, Ausstellungs- und Kulturprogramm während dessen die gesamte Altstadt von Lichtkünstlern in Szene gesetzt wird. (Weitere Informationen und Sehenswürdigkeiten siehe → Adelsheim)

Unsere nächste Station ist Osterburken, das zu den wichtigsten Stützpunkten des Römischen Reiches am obergermanischen Limes gehörte. Die Grundmauern eines der beiden ehemaligen Kastelle sind, wie auch Teile des Kastellgrabens, sehr gut erhalten. 1976 wurde bei Bauarbeiten in Osterburken eine große Thermenanlage entdeckt, über der man ein sehenswertes Römermuseum errichtete. Dieses präsentiert zahlreiche Funde aus Osterburken und der Region und informiert über die Römer am Limes.

Im Erdgeschoss wird die Lebensweise der Menschen beiderseits der Grenze vorgestellt: in einem römischen und einem germanischen Teil werden die Unterschiede der Lebensweisen und Kulturen von „zivilisierten" Römern und „barbarischen" Germanen" anschaulich gezeigt.

Das Obergeschoss widmet sich der römischen Religion, im Altbau werden am Beispiel des konservierten Bades das römische Badewesen und ein Nachbau des Beneficiarier-Weihebezirks gezeigt.

Römermuseum Osterburken
am UNESCO-Welterbe Limes
Römerstraße 4
74706 Osterburken
Tel.: 06291 / 41 52 66 Fax: 03212 / 10 48 279
E-Mail: info@roemermuseum-osterburken. de
www.roemermuseum-osterburken.de
Öffnungszeiten:
Di. - So. Winterzeit: 10 - 17 Uhr | Sommerzeit: 10 - 18 Uhr. An Feiertagen auch montags geöffnet; Führungen nach Vereinbarung.

Der äußere obergermanisch-rätische Limes

Das monumentale Grenzbauwerk sollte die nördliche Grenze des römischen Imperiums sichern. Von Osterburken hin nach Welzheim, in der der Nähe von Lorch bei Schwäbisch Gmünd, verlief der Wall kerzengerade in südlicher Richtung. Ein vermessungstechnisches wie architektonisches Meisterstück seiner Zeit.

Insgesamt ist der obergermanische Limes eines der bedeutendsten archäologischen Denkmäler Mitteleuropas und gehört zu recht seit 2005 zum Weltkulturerbe der UNESCO. Seine Gesamtlänge beträgt gut 500 Kilometer und reicht von Regensburg an der Donau bis nach Rheinbrohl am Rhein. Vor über 100 Jahren begann die damalige Reichs-Limes-Kommission mit der Erforschung des Verlaufs und der vorhandenen Reste seiner Bauten. Die heute anzutreffende Nummerierung geht auf diese Forschung zurück: man bezifferte alle Wachtürme und Kastelle von Rheinbrohl, hier steht der Wachturm 1, aus durch. Seit Beginn dieser Arbeiten wurden zahlreiche Kastelle, Badeanlagen, Türme, Wälle, Gräben, Mauern und Palisaden freigelegt und denkmalpflegerisch konserviert. Zahlreiche Einzelfunde wurden zusammengetragen und in ergänzenden Museen, wie dem Römermuseum Osterburken ausgestellt.

Der Teil des obergermanisch-rätischen Limes, der den Odenwald durchläuft ist an vielen Stellen nachzuvollziehen.

Eingang zum Kleinkastell Höhnehaus.

Besonderer Anziehungspunkt sind aber folgende fünf Stationen:

1. Osterburken
Doppelkastell, Kastellbad und Römermuseum
2. Buchen
Kleinkastell Höhnehaus im Ortsteil Hettingen
3. Walldürn
Nicht überbautes Kastell (archäologisches Reservat), Kastellbad, Limeslehrpfad nördlich der Stadt
4. Walldürn
Kleinkastell Haselburg
5. Miltenberg
Mauerreste des Altstadtkastells; römische Kastellfunde, Teutonenstein und Lapidarium im Museum

Tipp:
Wer sich ausführlich mit dem Leben am Obergermanischen Limes beschäftigen möchte kann einen Limes-Cicerone für einen halben oder ganzen Tag buchen und sich auf unterschiedlichen Streckenabschnitten und zu unterschiedlichen Schwerpunktthemen führen lassen. Die Cicerones sind geprüfte Gästeführer, die durch das Archäologische Landesmuseum Baden-Württemberg ausgebildet wurden. Die Limes-Cicerones sind freiberuflich tätig und rechnen mit dem Kunden direkt ab.
Anfragen und Buchungen über:
Rainer Miksch, Tel.: 06291 / 82 93
E-Mail: info@limes-cicerone-nok.de

Auf der Marienhöhe, südöstlich von Osterburken, kann man im Living-History-Museum, einem Museumspark für lebendige Geschichtsdarstellung, Handwerkern und enthusiastischen Freiwilligen beim Bau einer mittelalterlichen Stadt über die Schulter schauen. Inmitten eines 155 Hektar großen Geländes des Fürsten von Leiningen entsteht eine mittelalterliche Stadt. Handwerker- und Patrizierhäuser, Sägewerk und Seilerei, Rathaus und Kirche, ein Ackerbürgerhaus und eine Backstube werden vor den Augen der Besucher in mittelalterlicher Manier und mit traditionellen alten Handwerkstechniken errichtet. Zudem gibt es Ritterspiele auf einem Turniergelände, verschiedene Feste, Aktionen und Workshops an den Wochenenden, durch die das Leben im Mittelalter dargestellt und vermittelt werden soll. Ein interessantes Projekt, das sich in dem Maße fortentwickelt, wie es durch Besucher wahrgenommen wird und durch Eintrittsgelder der weitere Ausbau vorangetrieben werden kann.

Histotainment GmbH
Geschäftsführer: Michael E. Wolf
Marienhöhe 1
74706 Osterburken
Tel.: 06291 / 64 79 10 | Fax: 06291 / 64 79 29
Mobil: 0172 / 79 24 602
E-Mail: info@adventon.de
www.adventon.de
Öffnungszeiten:
April bis November
Fr., Sa., So. und Feiertag von 11 - 18 Uhr

Altheimer Grünkerndarren

Heimatverein Altheim
Klaus Weber
An den Hofäckern 16
Tel.: 06285 / 92 92 98
E-Mail: weberkl1@t-online.de
Öffnungszeiten:
April bis Oktober nach Vereinbarung

Altheim, heute Stadtteil von Walldürn, war Ende des 19. und Anfang des 20. Jahrhunderts ein Zentrum der Grünkernwirtschaft. Die Röstung des frühreif geernteten Dinkels geschah zu dieser Zeit in scheunenartigen Gebäuden, den Grünkerndarren, von denen es in der Gemeinde Altheim über 40 gab. In einem einmaligen Ensemble von vierzehn verbliebenen Darren wurde 2001 vom Heimatverein Altheim ein interessantes Museum eingerichtet, das der Geschichte des Grünkerns und der Grünkerngewinnung gewidmet ist. Der Besucher erhält hier auch einen guten Einblick in die sozial- und wirtschaftsgeschichtlichen Aspekte dieses landwirtschaftlichen Erwerbszweiges, den es nur in dieser Region gibt. Die Museumsdarre liegt am Hang. Durch einen Rauchkanal, an dessen Mund-loch ein Feuer entzündet wird, zieht der heiße Rauch in den Hohlraum unter das siebartig gelöcherte Darrenblech. In einem mehrstündigen Darrvorgang wird der „milchreif" geerntete Dinkel auf dem Darrblech getrocknet.

Grünkern

Unter Grünkern versteht man Dinkel, eine Urform des Weizens, der in unreifem Zustand geerntet wurde. Ursprünglich, so nimmt man an, geschah dies aus Furcht bei schlechtem Herbstwetter die Ernte zu verlieren. Man erntete daher einen Teil des Dinkels „vor der Zeit".

Beim Grünkern ist die Stärke noch nicht voll ausgebildet, die Körner sind noch saftig und weich. Sie müssen erst getrocknet werden, damit man sie mahlen kann. Dazu wurden sie früher auf durchlöcherte Eisenpfannen, unter denen ein Feuer brannte, geschüttet. Heute geschieht dies auf automatischen Trocknungsanlagen. Durch das so genannte Darren werden die Körner hart und grünlich, daher der Name. So bekommt der Grünkern sein einzigartiges, etwas nussartiges Aroma.

Erstmalig wird der Grünkern urkundlich 1660 in einer Kellereirechnung des Klosters Amorbach erwähnt. Damals wurde er als Suppeneinlage verwendet und die Röstung mit der Restwärme der Backhäuser durchgeführt. Aus der Erkenntnis, dass die getrockneten und leicht gerösteten Dinkelkörner zu schmack- und nahrhaften Gerichten verarbeitet werden konnten, entwickelte sich dann im 20. Jahrhundert eine Grünkernproduktion größeren Stils. Im Dritten Reich wurde der Grünkern als Reisersatz angepriesen und als die „deutsche Suppenfrucht" verehrt. Mit dem wirtschaftlichen Aufschwung der Nachkriegszeit ging das Interesse am Grünkern zunächst stark zurück, gewinnt aber heute mit der Renaissance von Bio-Produkten erneut an Bedeutung. So finden Dinkelmehl zum Brot- und Kuchenbacken, oder Grünkernmehl zur Herstellung von Markklößchen als Suppenbeilage oder Grünkerne als Grundlage für vegetarische Bouletten durchaus wieder ihre Käufer.

Als Heimat des Grünkerns gilt das so genannte Bauland, der südöstliche Teil des Odenwaldes eine flachhügelige, offene Muschelkalklandschaft mit einem geringen Waldanteil und muldenförmigen Tälern.

Typisch für Kalklandschaften sind Karsterscheinungen. Zu ihnen gehören an der Erdoberfläche unter anderem Dolinen, wie das Dolinenfeld im Rehrgrund bei Hettingen [→ Tour 5], Trockentäler und Karstquellen, wie die Morrequelle in Hettingen, die Rinschbachquelle in Rinschheim oder die Nächstquelle in Götzingen. Im Untergrund können durch Auswaschung des Kalkes Höhlensysteme entstehen. Die Eberstadter Höhlenwelten [→ Tour 5]

sind ein markantes Beispiel dafür.

Von Osterburken geht es über die Deutsche Limesstraße bis nach Götzingen, wo wir in der Ortsmitte rechts nach Altheim abbiegen.

Hier finden wir eine weltweit einmalige Besonderheit, das größte noch vorhandene Ensemble an Grünkerndarren. Von Altheim nehmen wir die kleine Nebenstraße nach Hettingen (ehemaliges Kleinkastell Höhnehaus), wo wir auch wieder auf die Deutsche Limesstraße treffen. Etwa zwei Kilometer weiter in Richtung Walldürn finden sich die Überreste zweier römischer Wachtürme, mit denen die Gegend kontrolliert wurde. Ihre Relikte lassen sich bestaunen, bevor es weiter zu den

Römerbad Walldürn

Überresten des Walldürner Römerbades geht.

Um das alte Badehaus zu erreichen, fahren wir, kurz bevor die Stadtgrenze Walldürns erreicht ist, rechts über einen Fahrweg zum Römerbad. Beschilderung nur aus Richtung Walldürn: „Fußweg Römerbad".

Nach etwa 500 Meter muss man das Auto abstellen und die restlichen 200 m über einen Trampelpfad zurücklegen oder in einem weiten Bogen das Gelände umrunden und sich quasi von Norden her bis zu einem Wanderparkplatz nähern. Geschichte, Funktionsweise und Umfang des Walldürner Bades werden auf verschiedenen Infotafeln vor Ort anschaulich gemacht. Zur Funktionsweise eines Römischen Bades → Römerbad: Tour 1.

Walldürn liegt am äußeren, also an der jüngeren Grenze des Römischen Reiches. Auch hier hatten die Soldaten und Legionäre keinen weiten Weg von ihren Unterkünften zum Badehaus am Marsbach. Die zivile Siedlung mit Läden und Schänken war ebenfalls in der Nähe, denn hier konnten die Händler und Wirte auf Kunden hoffen.

Von Walldürn aus fahren wir die kleine Landstraße, nahezu parallel zum vorderen Limes, in Richtung → Miltenberg. Unser Weg führt uns über eine bezaubernde Waldstrecke auf einen Höhenrücken mit einem rückwärtigen, beeindruckenden Blick auf das Dörfchen Gerolzahn. Kurz danach geht es

rechts ab zum Kleinkastel Haselburg, dem wir noch eine kleine Stippvisite gönnen. Zu sehen sind die konservierten Grundmauern des ehemaligen östlichen Tores. Dieses Kastell lag etwa 60 Meter hinter dem Limes und wurde um 150 n. Chr. unter Kaiser Antonius Pius erbaut. Die Straße führte von West nach Ost mitten durch das Kastell hindurch zu einem Limesdurchgang, den 60 bis 80 Soldaten zu bewachen hatten, die hier stationiert waren.

Zum Abschluss unserer Tour gibt es zwei Möglichkeiten: Wir fahren die kurze Strecke zurück zur Hauptsraße und wenden uns nach links, um durch Gerolzahn bergab die B47 zu erreichen, die uns direkt nach Amorbach zurückführt oder wir biegen an der Hauptstraße rechts nach Miltenberg ab, um unsere Tour mit einem Rundgang durch die dortige Altstadt zu beschließen.

Kleinkastell Haselburg

Der Stadtturm ist ein Wahrzeichen der Stadt.

Städte-ABC

Adelsheim

Stadtverwaltung Adelsheim
Marktstraße 7 | 74740 Adelsheim
Tel.: 06291 / 62 00 0 | Fax: 06291 / 62 00 35
E-Mail: info@adelsheim.de
www.adelsheim.de

Die ehemalige Amtsstadt Adelsheim die in einem heimeligen Tal gelegen und umgeben von bewaldeten Hügeln ist, blickt auf eine über 1200-jährige Geschichte zurück. Bereits im Frühmittelalter, im Jahr 779, wurde die Siedlung unter dem Namen „Adaloltesheim" urkundlich erwähnt. Die adligen Ritter von Adelsheim prägten die Geschichte dieser Stadt über viele Jahrhunderte.

Noch heute ist das Adelsheimer Steinbockshorn im Wappen der Stadt zu sehen. Kaiser Karl IV. verlieh dem malerischen Ort im Herzen des Baulands, wo die fischreichen Flüsse Seckach und Kirnau zusammenfließen, 1374 das Stadtrecht. Von seiner geschichtsträchtigen Vergangenheit zeugen zahlreiche Gebäude wie die drei stadtbildprägenden Schlösser, das Alte Rathaus und die Jakobskirche sowie historische Grenzpfähle. Die Reste der mittelalterlichen Wehranlage und viel barockes Fachwerk schmücken die alte Stadt. In der Folge der napoleonischen Neuordnungen und dem Ende des Deutschen Reiches, gelangte Adelsheim zunächst in bayrischen (1803), danach in württembergischen (1805) und leiningenschen (1806) Besitz und ab 1806 endgültig zum Großherzogtum Baden. Die Reichsritter von Adelsheim wurden aus ihrer tradierten Stellung verdrängt und zu einer Art privilegierter Staatsbürger zurückgestuft. Das badische Bezirksamt hatte von 1828 bis 1936 seinen Amtssitz im Adam'schen Schlösschen. Die heutigen Stadtteile Adelsheim, Sennfeld, Leibenstadt sowie die Weiler Hergenstadt und Wemmershof laden mit ihren baulichen Kostbarkeiten und kulturellen Angeboten zum Verweilen und Erholen ein.

Adam'sches Schlösschen
Im Jahr 1606 errichtete Reichsritter Adam von Adelsheim den Herrensitz Adam'sches Schlösschen. Nach Umbauten war in dem Gebäude von 1828 bis 1936 das Bezirksamt Adelsheim, danach das Wasserwirtschaftsamt sowie ein Jugendhaus untergebracht. Direkt neben dem Schlösschen liegt die 1526 gebaute Herrschaftsmühle und der Stadtturm mit seinem Fachwerkaufsatz und einem geschieferten Zeltdach, ein rekonstruierter historischer Wehrturm der Stadt. Seit 2009 beherbergte das Adam'sche Schlösschen nach umfangreichen Sanierungsarbeiten das städtische Kulturzentrum.

Stadtgarten

Der Stadtgarten mit dem nächtlich beleuchteten Kirnau-Wasserfall (mittleres Bild) geht auf den Ausbau der Kirnau entlang der Stadtmauer bei der Umgestaltung des Schlossparks im Stil eines englischen Gartens in den Jahren 1733 bis 1736 zurück. Das „Pfeifenmännchen" in der Tuffsteingrotte beim Oberschloss erinnert an den holländischen Gartenbaumeister.

Oberschloss / Unterschloss

Das 1504 von Sebastian von Adelsheim am früheren oberen Stadttor errichtete, steilgiebelige Oberschloss (Bild links) im gotischen Fachwerkstil, war der Sitz der Oberschloss-Linie des Hauses Adelsheim. Unter dem fünfseitigen über zwei Geschosse reichenden Renaissance-Erker ist bis heute das „Wappenmännle", ein Wahrzeichen der Stadt, zu sehen. Ein Knappe hält ein vierfach geteiltes Schild mit dem Adelsheimer Steinbockshorn, dem Rechberg'schen springenden Löwen, die roten Beile der Ritter von Stetten sowie das geteilte Schachbrett der Herren von Lentersheim. Zum Kunstgenuss lädt hier der alljährliche Kunstsommer ein.

Nach einem Brand 1733, ließ Friedrich Leopold von Adelsheim zwischen 1734 und 1738 das zerstörte mittelalterliche Wasserschloss, das sogenannte Unterschloss, von dem kurpfälzischen Baumeister Johann Jakob Rischer, zu einem barocken Herrensitz ausbauen. Beachtenswert sind die bis heute erhaltenen Gewölbe im oberen Turmzimmer des gelb leuchtenden, dreistöckigen Schlosses aus dem Jahr 1492. Ebenfalls im Stammschloss der Familie von Adelsheim befindet sich ein Kästchen mit einer Locke von Kaiser Napoleon – ein Geschenk der Fürstin Josephine von Hohenzollern-Sigmaringen an ihre Hofdame Freiin Francisca Amalie Henriette von Adelsheim. Das bis 1848 hier aufbewahrte Adelsheim'sche Archiv, mit unersetzlichen Urkunden zur Geschichte der Region, wurde durch die Märzaufstände 1848 nahezu komplett zerstört. Im Schlosspark, der nur während „Adelsheim leuchtet" besichtigt werden kann, befindet sich außerdem das historische Rentamt der Herren von Adelsheim.

Evangelische Stadtkirche
Direkt gegenüber dem Rathaus liegt die spätbarocke evangelische Stadtkirche (Bild rechts) aus den Jahren

1766/67 mit ihrer reich verzierten Giebelseite, schmucken Öffnungsrahmungen, zwei seitlich begrenzenden Pilastern, einem geschweiften Giebel und dem hohen kunstvollen Dachreiter mit malerischem Zwiebelturm. Sie wurde anstelle einer gotischen Kapelle durch den Öhringer Baumeister Georg Peter Schillinger (1678-1774) errichtet.

Historisches Rathaus / Gasthaus „Zum güldenen Hirschen"

Eines der schönsten Fachwerkgebäude in Adelsheim ist das 1619 im fränkischen Fachwerkstil mit vorspringenden Stockwerken erbaute Historische Rathaus. Das ursprüngliche Gasthaus „Zum güldenen Hirschen", das 200 Jahre lang als kaiserliche Poststation diente und an der bedeutenden Handels- und Heerstraße von Sachsen, Böhmen und Franken in die Kurpfalz und zum Rhein lag, wurde 1839 von der Stadt als Rathaus und Schulhaus erworben. Bis heute ist das hübsche Gebäude Sitz der Stadtverwaltung.

Bauländer Heimatmuseum / Zehntscheune

Seit 1986 existiert das liebevoll eingerichtete Bauländer Heimatmuseum in der ehemaligen Zehntscheune der Freiherren von Adelsheim. Gleich hinter der Stadtkirche im historischen Stadtkern gelegen, beherbergt das barocke Gebäude von 1758 auf mehreren Etagen die historische und volkskundliche Sammlung von Adelsheim und gibt den

Besuchern Einblicke in das alltägliche Leben und Arbeiten der Menschen im Bauland und in der Stadt.

Das Bauländer Heimatmuseum in Adelsheim.

Bauländer Heimatmuseum
Schlossgasse 14a | 74740 Adelsheim
Öffnungszeiten:
1. Mai bis 30. September
So. von 14 - 16 Uhr oder nach telefonischer
Terminabsprache: Tel.: 06291 / 62 00 0

In der früheren Stallung sind bäuerliches Arbeitsgerät mit Hinweisen auf die Grünkernbereitung, handwerkliche Geräte und Erzeugnisse, Haustüren um 1800, ein Gemischtwarenlädchen der

Jahrhundertwende mit Inventar, Bauländer Hafnerware und gusseiserne Ofenplatten, zum Teil aus dem 16. Jahrhundert, ausgestellt.

Der ehemalige Getreidespeicher ist dem bäuerlichen und bürgerlichen Hausinventar, mit Aussteuertruhen die Wäsche und Kleidung enthalten, einem bemalten Hochzeitsschrank von 1795, Zimmer- und Kücheneinrichtungen, Einrichtungs- und Gebrauchsgegenständen der Biedermeierzeit, Liebes- und Freundschaftsbillets um 1840, einer Wohnungseinrichtung der Jahrhundertwende sowie seriell produzierten Heiligenbildern gewidmet. Im Dachgeschoss befinden sich Exponate zur Stadtgeschichte, wie alte Ansichten, Bilder und Drucke sowie Informationen zur Geschichte der Reichsfreiherrn von Adelsheim

Limes

Im Hergenstadter Wald bei Adelsheim verläuft auf der Höhe zwischen dem Kirnau- und dem Kessachtal eine der besterhaltenen sichtbaren Strecken des Obergermanisch-Raetischen Limes, der seit 2005 UNESCO Weltkulturerbe ist.

An dem ca. 1,3 Kilometer langen Teilstück, lassen sich noch heute die Überreste einer Limesmauer erkennen. Eine leichte Erhebung zeigt den ehemaligen Standort eines Wachturms an, der, so haben archäologische Untersuchungen ergeben, ein Mess- und Signalpunkt erster Ordnung war.

Adelsheim leuchtet

Der jährliche Kunstsommer unter dem Motto „Adelsheim leuchtet" bietet zahlreiche Ausstellungen, Konzerte, Theater und Comedy. Genießen Sie das vielfältige Angebot im Oberschlosshof, im Park und am Schlossgraben, im Rathaus und in der evangelischen Stadtkirche sowie im Kulturzentrum und in der ganzen Stadt.

Adelsheim leuchtet e.V.
Tel.: 06291 / 12 95
Fax: 06291 / 646 909
E-Mail: adelsheim.rentamt@t-online.de
www.adelsheim-leuchtet.de

Stadtteil Sennfeld

Entlang der Seckach liegt flussabwärts der Stadtteil Sennfeld. Margaretha von Carben, eine Enkelin des Götz von Berlichingen (Ritter mit der eisernen Hand) stiftete hier 1615 die evangelische Pfarrkirche. Das Schloss von Sennfeld, ehemals im Besitz von Familienangehörigen der Freiherren von Berlichingen, wurde 1713 im ländlichen Barockstil erbaut. Als historisches Kulturdenkmal von besonderer Bedeutung ist das Schloss in das Landesdenkmalbuch aufgenommen.

1992 wurde es mit Unterstützung des Landesdenkmalamtes nach historischem Vorbild restauriert und dient heute als Hotel mit speziellen Wellnessangeboten.

Adelsheim leuchtet

Seit 2001 verwandelt Louis Ferdinand
von Adelsheim und Ernest, ein bekannter und ideenreicher Videokünst-
ler, mit großformatigen Projektionen

den Schlosspark und die Innenstadt in
einen open-air-Kunstraum.
Jedes Jahr in den Sommermonaten
und in der Adventszeit faszinieren

nächtliche Lichtinstallationen, Illumi-
nationen und Projektionen unter einem bestimmten Thema die Ein-
wohner und Besucher von Adelsheim.
Träger der Veranstaltung ist der Verein

Adelsheim leuchtet e.V. Im Jahr 2008
wurde das Projekt von der Standortini-
tiative der Bundesregierung „Deutschland – Land der Ideen" als „Ort im
Land der Ideen 2008" ausgezeichnet

Heimatmuseum und Gedenkstätte „Ehemalige Synagoge" im Stadtteil Sennfeld

Heimatmuseum und Gedenkstätte „Ehemalige Synagoge"

Hauptstr. 43 | 74740 Adelsheim-Sennfeld

Öffnungszeiten:

1. März bis 31. Oktober

Mi. von 15 - 18 Uhr oder nach Vereinbarung:

Tel.: 06291 / 14 08 | Fax: 06291 / 646 757

E-Mail: r.f.lochmann@gmx.de

Die „Ehemalige Synagoge" im Stadtteil Sennfeld.

In der Ortsmitte von Sennfeld gelegen, befindet sich das historische Gebäude der ehemaligen Synagoge. Diese wurde in in den Jahren 1835/36 aus gehauenen heimischen Muschelkalksteinen gemauert, vorne zur Straße mit einem hohen Satteldach und auf der Rückseite mit einem Walmdach versehen. Sie diente der jüdischen Gemeinde des Ortes über 100 Jahre als Gemeindehaus. Die Entstehung der Gemeinde geht in die Zeit des 17. Jahrhunderts zurück. Möglicherweise waren auch bereits seit dem 14. Jahrhundert Juden am Ort. Nach einer wechselvollen Geschichte als Kino, katholische Kirche, Flüchtlingswohnung, Probenlokal für verschiedene Chöre und Turnsaal, existiert in dem fast unverändert erhaltenen Gebäude seit 1996 eine Gedenkstätte für die früheren jüdischen Gemeinden in Sennfeld und Adelsheim. Ihr Ziel ist es, eine zentrale Dokumentationsstelle für die jüdischen Gemeinden im Neckar-Odenwald-Kreis zu werden.

Die Gedenkstätte erinnert mit einer umfangreichen Sammlung von Fotos und Dokumenten an die jüdischen Familien, ihre Geschichte, ihr Schicksal im Dritten Reich und ihr Weiterleben in Deutschland und der ganzen Welt.

Jakobskirche

Die spätgotische Jakobskirche (Bilder rechts) , welche im Jahre 1489 auf den Fundamenten einer romanischen Kapelle aus dem 12./13. Jahrhundert durch den Baumeister Konrad von Mosbach errichtet wurde, befindet sich außerhalb der Stadtmauer auf dem ehemaligen Friedhof. Die ehemalige fränkische Pil-

Führungen sind unter Voranmeldung möglich: Tel.: 06291 / 62 00 51 (Stadtverwaltung Adelsheim) gerstation im weitverzweigten Netz europäischer Jakobswege, diente ursprünglich als Grablege der Ritter von Adelsheim. Unter den Grabmälern, die zu Recht als kunsthistorische Meisterwerke gelten, sticht dass des Stifters Martin von Adelsheim, kurmainzischer Amtmann von Miltenberg, Amorbach und Krautheim, besonders hervor, welches sich in der südlich an das Schiff angebauten Grabkapelle befindet.

Der Amorbacher Architekt und Bildhauer Hans Eseler schuf das Epitaph 1497. Weitere sechzig Grabmäler und Epitaphien im Stil der Renaissance, des Barock und des Rokoko, die in der Zeit vom 14. bis zum Ende des 18. Jahrhundert entstanden, bereichern dieses architektonische Juwel. Zumeist handelt es sich dabei um die Grabmäler der Freiherren von Adelsheim, in deren Besitz sich auch heute noch die Grabkapelle befindet.

Weitere Sehenswürdigkeiten in der Jakobskirche sind, ein ausdruckstarkes gotisches Kruzifix um 1500, die prächtige Renaissancekanzel mit Einlegearbeiten und gebrannten Hölzern aus dem Jahre 1650, das Sakramentshäuschen von 1494, die Chorstühle für die Geistlichkeit, der Herrschaftsstuhl von 1588, der Zunftmeisterstuhl mit sechs Sitzen und mit den Wappen der Handwerker, das Spitzbogengewölbe an den Decken, sowohl im Chor, in der Sakristei, als auch in der Grabkapelle sowie die Deckenausmalungen von 1606 in der Grabkapelle.

Amorbach

Tourist-Information Amorbach

Altes Rathaus

Marktplatz 1

63916 Amorbach

Tel.: 09373 / 209 40 oder -41

Fax: 09373 / 209 33

E-Mail: touristinfo@amorbach.de

www.amorbach.de

Umgeben von den dichtbewachsenen Wäldern des Odenwaldes, wenige Kilometer südlich von Miltenberg und dem Main, liegt am Zusammenfluss der Mud und des Billbachs das verträumte Ba-rockstädtchen Amorbach, mit seiner mehr als 1.250-jährigen Geschichte.

Wohl vor allem bei Liebespaaren aufgrund seines verzückenden Namens als idealer Ort zum Heiraten bekannt, ist die eigentliche Herkunft des Namens weniger romantisch, leitet sie sich doch aus dem Wort „Ammer", für „Sumpf, sumpfiges Gewässer" oder als alte Bezeichnung für einen Wasserlauf ab. Im Laufe der Jahre wurde daraus durch Lautenverschiebung zunächst Amar- bzw. Ammerbach und schließlich Amorbach. Ob tatsächlich der heilige Amor, ein Schüler des irischen Wanderbischofs Pirmin, zum ersten Abt und damit Mitbegründer der klösterlichen Niederlassung in Amorbach gezählt werden kann, ist kaum belegbar und eher unwahrscheinlich. Dass dennoch Amor auf die ein oder andere Art durch-

aus seine Finger bei der Entstehung des Ortes im Spiel gehabt haben könnte, wird bei einem Rundgang durch die Stadt offensichtlich. Romantische Gassen, eine herrliche Kulturlandschaft und die unter Denkmalschutz stehende Altstadt machen den staatlich anerkannten Luftkurort Amorbach zu einem wahren Schmuckkästchen. Die einstige geistliche und auch politische Bedeutung Amorbachs ist heutzutage zunehmend einer kulturellen gewichen, die sich nicht zuletzt in den vom Barock geprägten Ensembles der Abteikirche und des ehemaligen Benediktinerklosters, dem mittelalterlichen Charme der Altstadt sowie in zahlreichen, mitunter kuriosen und einzigartigen Sehenswürdigkeiten, wie dem ältesten Fachwerkhaus Bayerns und der Sammlung Berger, widerspiegelt.

Abteikirche

Noch heute wird das Ortsbild durch den imposanten Prachtbau der ehemaligen Benediktinerabtei geprägt. Einst Sitz der einflussreichen Benediktiner, wurde das bereits 734 gegründete Kloster mit Abteikirche und Konventbau im 18. Jahrhundert zu barocken Prunkbauten umgestaltet und erneuert. So entstand zwischen 1742 und 1747 unter Leitung des kurmainzischen Generalbaudirektors Maximilian von Welsch die Abteikirche im Rokokostil unter Beibehaltung des basilikalen Bauschemas des Vorgängerbaus.

Die romanischen Türme mit Rundbogenfriesen und Doppelfenstern bilden seitdem einen außergewöhnlichen Kontrast zur barock-geschwungenen Außenfassade der Abteikirche. Im Inneren hingegen finden sich die lebhaften Formen und Farben des Rokoko. Das gemeinsame Werk der Stuckateure Johann Michael Feichtmayr (1710-1772) und Georg Übelhör (1685-1737) sowie des Malers Matthäus Günther (1705-1788) besticht mit reich verzierter Ornamentik und figuralem Stuckdekor. Beachtenswert ist der Hochaltar mit seinen sechs Marmorsäulen, dessen Altarbild, geschaffen von Matthäus Günther, die Himmelfahrt Marias zeigt sowie die von Johann Wolfgang van der Auvera (gest. 1756) geschaffene Kanzel.

Ebenfalls ein vollendetes Werk des Rokoko: das schmiedeeiserne Chorgitter, das den Mönchschor von der Laienkirche trennte.

Der wohl spektakulärste und bedeutendsten Teil der Innenausstattung ist die große Barock-Orgel, erbaut von den Brüdern Johann Philipp und Johann Heinrich Stumm, mit 5116 Pfeifen und 66 Registern – ein einmaliges Klangerlebnis. Am Oster- und Pfingstmontag sowie an einem Sonntag im Herbst lassen international renommierte Organisten die weltbekannte Orgel seit über 50 Jahren zu den Amorbacher Abteikonzerten erklingen. Aufgrund der hohen Nachfrage wird die Reihe der Abteikonzerte ab 2010 stark erweitert.

Die Abteikirche mit der Stumm-Orgel, der Grüne Saal sowie die Bibliothek können nach Anmeldung in einer Führung besichtigt werden.
Fürstlich Leiningensche Verwaltung
VGB, Marktplatz 12
Tel.: 09373 / 87 15 45
E-Mail: abtei@fuerst-leiningen.de
www.fuerst-leiningen.de
Öffnungszeiten:
Mitte März bis Ende Oktober
Di.- Sa. 10 - 12 Uhr und 14 - 17 Uhr
So.- und Feiertage 12 - 17 Uhr

Klostergebäude

Sehenswert ist der ehemalige Konventbau um den die Klosteranlage von 1782
bis 1786 erweitert wurde. Mit seinen
beiden frühklassizistischen Eckpavil-
lions, dem Grünen Saal – ein Konzert-
saal, der ganz in weiß und grün ge-
halten wurde – sowie der prunkvollen
Klosterbibliothek, mit ihren ca. 30.000
Bänden, zeugt dieser von einer glanz-
vollen Vergangenheit. Wundervolle
Schnitzarbeiten im so genannten „Ar-
morbacher Zopfstil" und das von Konrad Huber geschaffenen Deckenfresko
(1790), das allegorisch die Weisheit, die
Tugend und die Wissenschaft darstellt,
machen die Bibliothek zu einer der
schönsten des 18. Jahrhunderts.

Die Fürsten zu Leiningen, ein altes
Adelsgeschlecht, das 1803 infolge der
Französischen Revolution seine jahr-
hundertelange Herrschaft in der Pfalz
abtreten musste und im Odenwald ein
ausgedehntes Territorium zum Aus-
gleich erhielt, ließ sich die Klostergebäude zur Residenz umbauen. Seit 1807
ist hier die Fürstlich Leiningensche Verwaltung untergebracht. Bis heute sind
die Anlagen im Privatbesitz.

Das Klostergebäude vom Seegarten aus.

Seegarten

Gleich hinter der Abteikirche erstreckt sich der ehemalige Klostergarten und Fürstlich Leiningensche Seegarten. Er entstand, wie auch die angrenzende Klostermühle mit ihrem markanten Treppengiebeln, die heute als Café (Schlossmühle) geführt wird, im Zuge von Neubauten in der ersten Hälfte des 15. Jahrhunderts und diente zunächst vorwiegend der Fischzucht. Von der Tradition klösterlicher Fischwirtschaft zeugt das erhaltene Seegartenhaus aus dem 17. Jahrhundert, welches als Wohnhaus des Klosterfischers fungierte. Ebenso sehenswert ist die ehemalige Klosterkanzlei – ein Barockbau von 1735.

Der Gartenbau und die Fischzucht spielten bei den Benediktinern mit ihren Fastengewohnheiten eine bedeutende Rolle. Das Vorhanden sein eines Gartens im Kloster Amorbach an der Stelle des Seegartens ist erst aus den Jahrzehnten vor dessen Aufhebung bekannt. Die durch eine Mauer geschützte Anlage enthielt acht Seen und Gartenland mit Spargel, Obstanlagen, Hopfenzucht, Blumenbeeten sowie dem repräsentativen Teil im Norden, mit einem französischen Garten, Gewächshaus, Treibhaus und Gartenhaus. Mit dem Übersiedeln der Fürstlich Leiningenschen Familie nach Amorbach wurde 1803 die Vision geboren, den Klostergarten in einen Landschaftspark nach englischem Vorbild umzugestalten. Nach den Entwürfen des berühmten Landschaftsplaners

und Gartenarchitekten Friedrich Ludwig Sckell angelegt, führt die Blickachse bis heute direkt zur ehemaligen Fürstenresidenz. Durch die politischen Verhältnisse der napoleonischen Zeit verzögerte sich das Projekt und so wurde der große See erst 1834 fertig gestellt. Als Ort der Erholung und Zerstreuung bietet der romantische, öffentlich zugängliche Seegarten einen herrlichen Blick über den malerischen Wiesengrund ins Mudautal hinein. Alljährlich findet hier sowie in der Altstadt und auf dem Schlossplatz der Amorbacher Frühjahrsmarkt statt. Zusammen mit der Galerie Maria Kreuzer stellen renommierte Skulpturen-Künstler ihre Werke zeitweise im Park aus.

Die Alte Amtskellerei im Zehnthof.

Ehemalige Mainzer Amtskellerei und Heimatmuseum

Das zweigeschossige Gebäude der Mainzer Amtskellerei, erbaut 1482 bis 1487 im südöstlichen Winkel der Oberstadt, umgeben von einem idyllischen Garten, diente zur Verwaltung und teilweisen Lagerung der Abgaben an die Landesherren, da diese nicht auf dem eigentlichen Amtssitz, der Wildenburg, gelagert werden konnten. Mit dem Einzug der Fürstlich Leiningenschen Familie wurde das Gebäude zunächst Sitz des fürstlichen Herrschaftsgerichts, danach von 1848 bis 1931 Sitz des bayerischen Landgerichts.

Geprägt wird der Bau durch einen malerischen Treppenaufgang an der Vorderseite, dessen Schlussgeschoss als Fachwerk ausgebaut ist sowie einen rechteckigen Erker an der hinteren Giebelseite. Leider können die Räume, kleine spätgotische Kostbarkeiten mit einem erhaltenen Netzgewölbe, deren Kreuzungspunkte durch Schlusssteine mit Wappen verziert sind, heute nicht mehr besichtigt werden. Das seit 1932 hier eingerichtete Heimatmuseum ist zur Zeit noch geschlossen.

Zehntscheuer

Direkt neben der Amtskellerei besticht die Zehntscheuer mit ihren imposanten Treppengiebeln. Hier wurden die Naturalienabgaben gelagert, und auch die Fürsten zu Leiningen nutzten das Gebäude später als Scheune. Vom Entstehungsjahr zeugen das an der Außenfassade angebrachte Wappen des Mainzer Erzbischofs Berthold von Henneberg und die Zahlen 1488. In den 30er Jahren des letzten Jahrhunderts wurde die Zehntscheuer zum Kino umgebaut. 2001 konnte der Amorbacher Kulturkreis das zunehmend verfallende Gebäude erwerben, mit großem ehrenamtlichen Engagement renovieren und eine Kleinkunstbühne einrichten. Seither ist die Zehntscheuer wieder eine Attraktion im Ort und der weiterhin aktive Kulturkreis lädt regelmäßig zu interessanten Veranstaltungen in das unter Denkmalschutz stehende Gebäude. Programminformationen und Kartenvorverkauf: www.zehntscheuer-amorbach.de

Der Alte Zehntscheuer, seit 2001 Kleinkunstbühne.

Blick auf die barocke Abteikirche – ein Aquarell von Gunter Ullrich.

Gunter Ullrich ist Jahrgang 1925 und einer der bekanntesten Maler der Region. Von 1948 bis 1952 erlernte er sein Handwerk an der Akademie der Bildenden Künste in München. Anschließend war er bis 1984 in Aschaffenburg als Kunsterzieher tätig. Gunter Ullrich hat mehrere Kunstpreise bekommen und bestritt zahlreiche Einzelausstellungen in ganz Europa.

Galerie Maria Kreuzer – eine erste Adresse für zeitgenössische Kunst

Galerie Maria Kreuzer
Johannisturmstraße 7
65916 Amorbach
Tel.: 09373 / 17 56 o. 47 32 | Fax: 09373 / 17 56
E-Mail: info@galerie-maria-kreuzer.de
www.galerie-maria-kreuzer.de
Öffnungszeiten:
Di. - Fr. 15 - 18 Uhr
So. und Feiertage 15 - 18 Uhr
und nach Vereinbarung.

Die seit 1975 bestehende Galerie ist ein beliebter Treffpunkt von Künstlern und Kunstliebhabern. In den Galerieräumen findet man Bilder, Skulpturen, Glas und Schmuck zeitgenössischer Künstler sehr unterschiedlicher Genres und Ausdrucksformen. Mit sechs bis acht wechselnden Ausstellungen im Jahr, bietet das Ausstellungsprogramm zahlreiche Möglichkeiten, die Arbeiten von unterschiedlichen Künstlern zu zeigen. Maria Kreuzer ist mit ihrer Galerie in Amorbach eine Institution, mit einem exzellenten, überregionalen Ruf. Mit umfangreichen Skulpturen-Ausstellungen in der Stadt und im Fürstlich Leiningenschen Seegarten, schafft sie mit „ihren" Künstlern eine einzigartige Symbiose zwischen Kunst, Stadt, Mensch und Landschaft, die auf eine besonders schöne Weise künstlerische Qualität mit einer populären Präsentation verbindet.

In der Galerie sind zahlreiche Künstler ständig vertreten, wie: Gunter Ullrich, Siegfried Rischar, Peter Rudolph, Wolfgang Müllerschön, Irmtraud Klug-Berninger, Sigrid Mahncke oder Jörg Zimmermann.

In den Grafikschränken und Krippen lohnt es sich zu stöbern, um – garantiert(!) – mindestens ein Blatt zu finden, welches sich lohnt mit nach Hause zu nehmen.

seit 1975
Galerie
Maria Kreuzer

Buchhandlung und Mode-kabinett Emig

> **Buchhandlung & Modekabinett Emig**
> Geisgraben 8
> 65916 Amorbach
> Tel.: 09375 / 12 52
> Fax: 09375 / 44 98
> E-Mail: buch-mode-emig@t-online.de
> Internet: www.buch-mode-emig.de
> Öffnungszeiten:
> Mo. - Sa.   10 - 12 Uhr
> Mo. | Di. | Do. | Fr.   15 - 18 Uhr
> Mi. und Sa. Nachmittag geschlossen

Im Zentrum der Altstadt macht ein bezauberndes (gelbes) Haus auf sich aufmerksam. Hier betreibt Ursula Emig-Völker in der zweiten Generation kompetent und liebevoll eine gut sortierte Buchhandlung, unterstützt vom Ehemann, dem Schriftsteller und Goethe-Experten Werner Völker (Biografie August von Goethe und Bei Goethe zu Gast, Insel-Verlag; Weihnachten bei Goethe, DVA;). Ergänzt wurde die Buchhandlung lange Zeit in einer eigenwilligen Kombination mit einem integrierten Modekabinett, in dem ausschließlich Toppmarken, wie Missoni, Martucci, Gerhard Hein und Liviana Conti angeboten wurden.

Ursula Emig-Völker hat dabei ein besonderes Händchen, was die Auswahl und vor allem die Präsentation betrifft. Alles ist so wie in einem gediegenen Wohnzimmer plaziert, thematisch und stilistisch aufeinander abgestimmt und vor allem liebevoll arrangiert. Und wo hat man je so überzeugend stimmige Schaufenster einer Buchhandlung gesehen?

Die Buchhandlung wurde vom Vater Hermann Emig bereits vor über 60 Jahren gegründet, der parallel – in guter alter Tradition – auch einen Verlag betrieb und sich die Veröffentlichung kultur- und kunstgeschichtlicher Führer deutscher Städte und Landschaften zur Aufgabe gemacht hatte.

Es entstand eine bezaubernde kleine Edition gut geschriebener und reichhaltig mit historischen Bildern, Zeichnungen und Stichen illustrierter Büchlein, die auch heute noch erhältlich und vor allem gut zu lesen sind.

Vor 35 Jahren bereicherte Mutter Bettina Emig die kleine Buchhandlung mit erwähntem Modekabinett, das nach einer Sortimentsumstellung, zur Freude der zahlreichen Stammkunden, zwar nicht mehr Mode, aber immer noch Accessoires, Missoni Home und auch hochwertige Geschenkartikel anbietet. Was die Buchauswahl betrifft, so werden vor allem Titel ausgewählt und angeboten, die Ursula Emig-Völker und Werner Völker auch selber begeistern; mit dem Schwerpunkt Belletristik, Geschichte, Biographien, Kinderbücher und ausgefallene Bildbände. Ihr Leitspruch dabei stammt von Petrarca und ist schon vor dem Eintritt auf einem großen Wandschild zu lesen: „Die Bücher erfreuen uns im innersten Herzen."

für die Verschonung der Amorbacher Bevölkerung vor Plünderungen und Übergriffen durch französische Truppen, ließen die Stadtoberhäupter im Jahre 1675 diese Säule errichten. Wahrscheinlich hat der Miltenberger Franz Nagel aus der bekannten Bildhauerfamilie Juncker, die Madonna mit dem Jesuskind, mit Krone und Zepter, umgeben von einem goldenen Strahlenkranz, stehend auf einem von Engelsköpfen gezierten Volutenkapitell, geschaffen.

Altes Rathaus

Der Marktplatz von Amorbach, mit seinen malerischen historischen Gebäuden wird geprägt durch das spätgotische, 1478 erbaute Alte Rathaus, das zu den ältesten im Odenwald zählt. Ungewöhnlich ist das über dem Eingangstor hervorgekragte Fachwerkgeschoss, welches ganz mit Schiefer verkleidet ist. Über dem Walmdach thront ein barocker Dachreiter. Besonders sehenswert, ist die Stuckdecke von 1687 im Sitzungssaal, mit Wappenkartuschen des Erzbischofs Anselm Franz von Ingelheim, der Familie von Ostein, des Mainzer Domkapitels und der Stadt Amorbach. Heute befindet sich hier die Tourist-Information der Stadt. Gleich nebenan ziert eine aus rotem Sandstein errichtete Mariensäule den Marktplatz. „Ecce foedus pacis" – „Seht, das Bündnis des Friedens", „Hl. Maria komm uns zu Hilfe", steht hier in lateinischer Inschrift geschrieben. Aus Dankbarkeit

Altes Stadthaus

Das Alte Stadthaus, das 1475 von dem Maurer und Steinmetz Konrad von Mosbach errichtet wurde und auch „Altes Rathaus", „Hohes Haus" sowie „Staffelmetzger" genannt wird, ist mit 25 Meter Giebelhöhe das höchste Wohngebäude Amorbachs. Seine ursprüngliche Bedeutung ist bis heute nicht völlig geklärt. Als Rathaus hat es wohl nie gedient, da dieses zur selben Zeit errichtet wurde. Eine Wappenkonsole an der Nordwestecke des Gebäudes zeigt einen Engel der die Wappen der Bauherren und ersten Eigentümer hält, dass des Mainzer Domkapitels und dass des Erzbischof Adolf von Nassau. Die Südwestecke ziert eine Wappenkartusche mit dem Mainzer Rad. Über dem steinernen Unterbau erheben sich zwei leicht vorragende Fachwerkgeschosse, die teils verputzt, teils verschiefert sind. Ein mächtiges, an beiden Giebeln gewalmtes Satteldach thront über dem Gebäude.

Katholische Pfarrkirche Sankt Gangolf

Auch der Besuch der nördlich des Marktes gelegenen barocken Pfarrkirche, benannt nach dem heiligen Gangolf, der u.a. als Schutzpatron der Pferde verehrt wird, ist lohnenswert.

1746 gab der Oberamtmann Franz Wolfgang Damian von Ostein den Auftrag, die bisherige Kirche, ein kleiner, nur kapellenartiger Bau, dessen Weihe 1182 bezeugt ist, durch einen Neubau zu ersetzen. So entstand eine Hallenkirche aus den im Odenwald typischen roten Sandsteinquadern mit Haupt- und zwei gleich hohen Seitenschiffen sowie mit weit das Licht einlassenden Fenstern. Die kostbare Innenausstattung ist ebenso wie die der Abteikirche geprägt vom Barock und Rokoko sowie vom beginnenden Klassizismus. Die Deckengemälde stammen von dem bedeutenden Freskenmaler Johann Zick (1702-1762), der auch den Gartensaal der Würzburger Residenz ausgemalt hat, sowie von seinem Sohn Januarius. Sie zeigen Szenen aus dem Leben des heiligen Gangolf sowie des heiligen Sebastian. Georg Schranz schuf den Hochaltar aus Marmor und Stuckmarmor. Die barocken Kanzeln, Arbeiten des Würzburger Hofstuckateurs Antonio Bossi aus dem Jahre 1756, beeindrucken durch ihre feinen Verzierungen. An beiden Kanzeln, die das Alte und das Neue Testament versinnbildlichen, ist eine Treppe angebracht, wobei nur eine als direkter Zugang dient, die andere wurde lediglich aus Gründen der Symmetrie angefertigt.

Die Orgel, 1717 vom Würzburger Domorgelbauer Johann Hoffmann erschaffen und 1805 aus der aufgelösten Abtei Neustadt am Main nach Amorbach verbracht, besteht aus 21 Registern und ca. 1300 Pfeifen. An der Rückfassade der Kirche befinden sich die Kolossalfiguren von Sankt Kilian (rechts) und von Sankt Amor (links), die im Zeitraum von 1899 bis 1905 von Josef Metzger angefertigt wurden.

Amorbach aus der Vogelperspektive

1. Abteikirche
2. Ehem. Klostergebäude/Konvent
3. Seegarten
4. ehemalige Amtskellerei
5. Zehntscheuer
6. Galerie Maria Kreutzer
7. Buchahndlung Emig
8. Altes Rathaus
9. Pfarrkirche St. Gangolf
10. Fürstliches Leiningensches Palais
11. Jordansbad
12. Templerhaus
13. Mutter.Museum

Fürstliches Leiningensches Palais
Von 1724 bis 1727 wurde das Hauptgebäude des Palais als Dienstsitz des Kurmainzer Oberamtmannes nach Plänen von Anselm Franz Ritter zu Groensteyn errichtet. Die Leiningenschen Fürsten ließen, nachdem sie den mainzischen Amtshof als Wohnhaus übernommen hatten, diesen durch den fürstlichen Baumeister Friedrich Brenner ihrem klassizistischen Geschmack entsprechend umgestalten und um 1830 zwei Nebenflügel und weitere Ergänzungen anbauen. Das dreigeschossige Palais, dessen Eingang ein steinernes Vordach mit schlichten Säulen vorgestellt ist, trägt im Dreiecksgiebel, der aus dem Mansarddach herausragt, das Fürstlich Leiningensche Wappen. Die festlichere Gartenfront ziert eine Altane auf vier Säulen, die von einem klassizistischen Eisengitter umgeben ist. Im Inneren des Palais, das leider nicht besichtigt werden kann, befindet sich eine stilvolle Empireeinrichtung, von der jedoch nach Kriegsende 1945 durch Plünderungen einiges verloren ging.

Jordansbad

Besichtigungen nur im Rahmen von Sonder-
führungen möglich.
Tel.: 09373 / 72 72
E-Mail: bernhard.springer@hgv-amorbach.de

Gegenüber dem Templerhaus liegen
die Gebäude des ehemaligen Jordansbades. Seine Wurzeln reichen bis ins 17.
Jahrhundert zurück, als das Gasthaus
„Deutscher Hof" gegründet wurde.
Dieses besteht heute noch und lädt in
einen idyllischen Biergarten ein. Um
1830 entdeckte die Wirtsfamilie Jordan,
dass das Wasser des Hausbrunnens Le-
der schwarz färbte. Ein in Auftrag gege-
benes Gutachten bestätigte den Gehalt
von Laugensalz, Eisen, Kalkerde und

Das Jordansbadehaus im heutigen Bauzustand.

Das Jordansbad nach einer historischen Ansicht.

Schwefel sowie von weiteren festen Bestandteilen und zwei Gasen. Die Geburtsstunde des Jordansbades war gekommen. Schnell sprach sich die lindernde Wirkung des Quellwassers gegen Hautleiden, Artritis und Bleichsucht herum und machte das Jordansbad weit über die Grenzen Amorbachs hinaus bekannt. Seine Blütezeit erlebte das Bad von 1850 bis 1900. Durch Röhren wurde das Quellwasser in ein Badehaus geführt und dort für acht Zimmer erhitzt. Nach Auflösung des Mineralbades nutzte man die „Bademöbel" noch bis in die jüngste Zeit für die darüber liegenden Wohnungen. Durch Verunreinigungen der Quellen mit Fäkalien aus den umliegenden Bauernhöfen, musste das Bad jedoch 1913 geschlossen werden.

Seit 1997 erstrahlen die Hausfassade und der Innenhof des Amorbacher Jordansbades wieder in altem Glanz. Die zugeschütteten Quellen wurden jedoch nicht wieder erschlossen, obwohl in 60 bis 90 Metern Tiefe noch gutes Mineralwasser zu finden ist.

Bis heute existiert die originalgetreu erhaltene Hausherren-Wohnung der 1993 verstorbenen Wally Zipter, einer Schwägerin des Sohnes des letzten Badbesitzers, in der noch einige Bademöbel des Jordansbades erhalten sind.

Wally Zipters Stangeneiskühlschrank war über 100 Jahre lang im Betrieb.

Die Wohnung der letzten Besitzerin wurde nach ihrem Tod 1993 unverändert erhalten.

Templerhaus

Öffnungszeiten:

1. Mai bis 31. Oktober

Mi. 16.30 - 17.50 Uhr

Sa. 11 - 12 Uhr

und nach Absprache für Gruppen auch

außerhalb der Öffnungszeiten über

die Touristinformation.

Tel.: 09373 / 209 40 | Fax: 09373 / 209 41

Email: touristinfo@amorbach.de

Das so genannte Templerhaus, ein spätromanischer Turmbau mit einem allseits überkragenden, zweigeschossigen Fachwerkaufsatz aus dem Jahr 1291, ist das älteste erhaltene Fachwerkhaus in Bayern.

Der turmartige Mauersockel datiert bereits ins späte 12. Jahrhundert. Ursprünglich war das Templerhaus als Ansitz einer Adelsfamilie errichtet worden. Nachweisbar ist, dass sich das Anwesen Ende des 13. Jahrhunderts im Besitz der Rüden von Collenberg ("Rüdenhof") befand, die in enger Beziehung zu den Herrn von Dürn, den Erbauern der Wildenburg, standen. Später gelangte es in die Hände von kleinadeligen Besitzern bis hin zur bürgerlichen Familie Bopp ("Boppenhof"). Seit dem 16. Jahrhundert bewohnten Handwerker und Gewerbetreibende das Haus. Die Bezeichnung "Templerhaus" geht auf einen Irrtum in der Beschreibung Amorbachs von Andreas Debon aus dem Jahr 1856 zurück. Dieser hielt eine verbliche-ne Wandmalerei, die den heiligen

Amor darstellen sollte, für das Bild eines Tempelritters.

Glücklicherweise haben sich über die Jahrhunderte große Teile des ursprünglichen Baubestandes erhalten. In dem originellen und von 1981 bis 1988 in enger Zusammenarbeit mit dem bayerischen Landesamt für Denkmalpflege aufwändig restaurierten Gebäude, erhält man einen lebendigen Einblick in die Wohnkultur und Bautechnik des Hochmittelalters. Besucher haben hier die Möglichkeit, einen kleinen hochmittelalterlichen Adelssitz zu erleben, in dessen Anlage, Gestalt und Aussehen

sich über 700 Jahre Bau- und Nutzungsgeschichte widerspiegeln. Sehenswert sind auch die Raumdekorationen aus dem 16. Jahrhundert. 1993 wurden die herausragenden restauratorischen Leistungen mit der "Europa-Nostra-Medaille" gewürdigt.

Mutter. Museum für Kunst/Sammlung Berger

Ein ganz ungewöhnliches Museum ist die Sammlung Berger. Hier befindet sich die größte Teekannensammlung Europas mit über 2.500 Teekannen aus aller Welt. Daneben wird eine liebevoll zusammengestellte Puppen- und Teddybärensammlung mit mehr als 500 Exponaten sowie eine umfangreiche Pepsi-Cola-Werbemittel-Sammlung ausgestellt. Eva Berger gründete das Mutter. Museum für Kunst in dem ehemaligen Firmengebäude der Firma Berger. Auch die moderne Kunst hat hier ihren Platz, so finden sich sehenswerte Stücke von Marc Chagall, Nam June Paik, Rebecca Horn, Daniel Spoerri, Niki de Saint Phalle, Christo und Jeanne-Claude, Keith Haring sowie Wolf Vostell. Besonders beeindruckend ist der etwa drei Meter hohe und aus 2.400 Büchern bestehende „Turm" von Metej Kren. Durch eine seitliche Öffnung kann der Besucher ins Innere schauen – durch Spiegel am oberen und unteren Ende des Turmes scheinen sich die Bücher ins Unendliche zu erstrecken. Wechselnde Sonderausstellungen bereichern das Museum zusätzlich.

Öffnungszeiten:
1. April bis 31. Oktober
Sa. - So. 11 - 17.30 Uhr
Tel. und Fax: 09373 / 99 081
www.amorbach-mutter.de

Beerfelden

Touristik-Information Beerfelder Land

Seeweg 1

64745 Beerfelden

Tel.: 06068 / 930 520

Fax: 06068 / 941 325

E-Mail: info@beerfelder-land.eu

www.beerfelder-land.eu

Beerfelden, das erstmals im Jahr 1032 unter dem Namen „Burrifelden" im Lorscher Kodex urkundlich erwähnt wird, liegt, inmitten von Wiesen und Feldern, umgeben von zahlreichen Quellen, in einer der waldreichsten Regionen des Odenwaldes. Bereits im Mittelalter war der Ort, der sich an der Wasserscheide zwischen Main und Neckar an der Quelle der Mümling befindet, ein bedeutender Mittelpunkt an der Kreuzung von Handelswegen zwischen Rhein-, Main- und Neckargebiet.

Im Zuge des Reichsdeputationshauptschlusses kam Beerfelden 1806 von der Grafschaft Erbach an Hessen. Ein Großbrand zerstörte 1810 fast die gesamte Stadt und mir ihr auch die gesamte örtliche Chronik. Durch die Hilfe des Großherzogs von Darmstadt sowie des Grafen von Erbach-Fürstenau und der Hessischen Brandassekurationskasse konnte der Ort innerhalb von nur zwei Jahren wieder aufgebaut werden. Mit der Neugestaltung der Stadt wurde der gräfische Baumeister Jänisch beauftragt. Erhalten geblieben sind die farbenprächtigen gotischen Fenster in der 1816 neu errichteten evangelischen Kirche sowie das Alte Rathaus (1824) am Marktplatz.

Beerfelder Galgen

Auf einer Anhöhe in der Nähe von Beerfelden steht der einzige vollständig erhaltene Galgen Deutschlands. Dieser wurde aus drei schlanken Rotsandsteinsäulen von ungefähr fünf Metern Höhe, die in einem Dreieck aufgestellt sind, 1597 errichtet und ersetzte den Vorgängerbau aus Holz. Die letzte Hinrichtung fand 1804 statt.

Von dem Galgenberg, auf dem sieben alte Linden stehen, die an die alte Thing-Gerichtsbarkeit erinnern sollen, bietet sich ein wunderbares Rundpanorama über die ganze Landschaft. Wohl aus diesem Grund wählte man vor über 400 Jahren diesen Platz zur Verschärfung der Strafe aus, um den Verurteilten die Strafe vermeintlich noch schlimmer zu gestalten. Die Zehntlinde unter der die Urteile gefällt wurden, ist heute nicht mehr zu sehen.

Beerfelder Pferde-, Fohlen und Zuchtviehmarkt

Der traditionelle Viehmarkt findet seit 109 Jahren jedes Jahr am zweiten Wochenende im Juli statt. Wie seit jeher wird der Handel heute immer noch per Handschlag abgewickelt. Mehr als 500 Pferde, Ponys, Rinder, Schafe und Ziegen werden hier zur Prämierung aufgetrieben. Umrahmt wird das bunte Treiben von einer Gewerbeschau, einem Handwerkermarkt, Fahrgeschäften, einem Kleinkunstzelt, Odenwälder Blasmusik sowie von einem Reit- und Springturnier. Krönender Abschluss des Volksfestes ist das imposante Feuerwerk.

Oberzehntmuseum

Oberzehntmuseum
Brunnengasse 22
64743 Beerfelden
Tel.: 06068 / 93 05 20
E-Mail: info@beerfelder-land.eu
Öffnungszeiten:
Mai bis Oktober
Do. 14 - 16 Uhr | So. 14 - 17 Uhr
Gesonderte Führungen
nach Voranmeldung möglich.

Das „Schwartz'sche Haus", ein denkmalgeschütze Gebäude von 1810, das nach dem großen Brand errichtet wurde, beherbergt seit 1992 das Heimatmuseum von Beerfelden. Hier werden geschichtliche Zeugnisse der Region und ihrer Bürger lebendig und anschaulich dargestellt. Im Erdgeschoss gibt ein Kaufmannsladen aus der Zeit der Jahrhundertwende (19./20. Jh.) mit seinen unzähligen Schubladen und Emailleschildern Zeugnis von der Vielfalt des Warenangebotes jener Zeit.

Puppenküchen und altes Spielzeug, ein gut gefüllter Wäscheschrank sowie alles was man für die Wäsche brauchte, von der Nähmaschine über das Bügeleisen bis zu den Wäscheklammern geben einen Einblick in das Leben früherer Jahre. In weiteren Räumen sind eine Schusterwerkstatt sowie eine Küche aus dem letzten Jahrhundert zu sehen. Der Keller veranschaulicht natürliche Konservierungsarten, die früher nötig waren um Lebensmittel haltbar zu machen. Die „Gud Stub", mit originalen Fachwerkwänden, in der der Odenwälder Volkskunstkreis Trachten und sonstiges Kulturgut ausstellt, komplettiert das liebevoll eingerichtete Museum in dem noch viele andere Dinge zu entdecken sind.

Der Zwölf-Röhrenbrunnen steht direkt vor dem Oberzehntmuseum.

Zwölf-Röhrenbrunnen an der Mümlingquelle

Ursprünglich war die Brunnenanlage der Mümlingquelle inmitten der Stadt ein von großen Bäumen umgebener Achtröhrenbrunnen. Nach dem Großbrand von 1810 erhielt die Quelle den heutigen Zwölf-Röhrenbrunnen.

Bis zum Bau der Wasserleitung in den Jahren 1895 bis 1998 diente sie zur alleinigen Trinkwasserversorgung der Bevölkerung von Beerfelden. Im Mai findet seit 1991 alljährlich ein Brunnenfest statt.

Burg Freienstein / Gammelsbach

Auf der Kuppe des Weckberges im Dorf Gammelsbach erhebt sich über dem Steilhang die unter Denkmalschutz stehende gotische Hangburg Freienstein. Ihre Gründung reicht bis ins 13. Jahrhundert zurück. Wer die Erbauer waren – die Reichsabtei Lorsch, die Pfalzgrafen, die Erbacher Schenken oder Angehörige derer von Freienstein, lässt sich nicht mehr genau feststellen. Die günstige Position der Burg diente ihren Herren zur Überwachung der den Gammelsbach begleitenden Straße, aus dem Neckartal bei Eberbach, nach dem inneren Odenwald um Michelstadt sowie zur Sicherung ihrer südlichen Herrschaftsgrenze. Die Burg war zugleich ein Verwaltungssitz für 15 Dörfer einschließlich Beerfelden. Um 1550 wurde die Burg grundlegend instand gesetzt. Dabei legte man den Schwer-

punkt mehr auf ein Wohnschloss. Während des Dreißigjährigen Krieges erlitt die Burg schwere Schäden und war bereits um 1800 in einem schlechten Zustand. Nach dem großen Brand von 1810 in Beerfelden holte die Bevölkerung hier Dachziegel und Bauholz für Behelfsbauten. Trotz mehrerer Sicherungsarbeiten an der Burg, stürzten 1988 große Teile der Mauer ein. Seit 1990 wird die Burgruine grundlegend saniert. Heute sind noch die Zwingmauern mit ihren runden Flankentürmen und die Außenwände des mehrstöckigen erkergeschmückten Wohngebäudes sowie der tiefe Halsgraben zu erkennen.

Himbächl-Viadukt

Eins der bedeutendsten Bauwerke der Odenwaldbahn an der Strecke Frankfurt/Darmstadt/Erbach/Eberbach/Stuttgart ist das aus einheimischen hellroten Sandsteinbögen von 1880 bis 1881 erbaute Himbächl-Viadukt. Es hat eine Länge von 250 Metern und eine Höhe von 40 Metern. Zehn Halbkreisgewölbe (Tonnengewölbe) von je 20 Metern Durchmesser überspannen das Mümlingtal.

St. Leonhardskapelle

Die Grundmauern der mittelalterlichen gotischen St. Leonhardskapelle sind heute noch oberhalb des Ortsteils Falken-Gesäß zu sehen. Hier wurde dem Schutzheiligen der Pferde über einer Quelle, der heilende Wirkung zugesprochen wurde, eine Kapelle errichtet. Da hier auch ein Wallfahrtsweg vorbei führte, hielten viele Pilger an um ihre Pferde an der Quelle des heiligen Leonhard zu tränken. Seit der Reformation und der Religionskriege verfiel jedoch die Kirche und die Steine wurden zur Erweiterung des Beer-

Himbächl-Viadukt

felder Friedhofs sowie für den Bau der Kapelle in Steinbach genutzt. Bei Ausgrabungen fand man Hufeisen sowie Steinmetzarbeiten, die dem Steinmetz Hans Esele zuzuordnen sind. Dieser wirkte von 1474 bis 1507 in Amorbach. Zahlreiche Sagen umweben die ehemalige Kapelle, so soll unter anderem von hier aus ein unterirdischer Gang zur Ruine Freienstein geführt haben.

Dicke Eiche

Im Stadtteil Airlenbach befindet sich die Dicke Eiche oder Siegfriedseiche. Das Naturdenkmal ist eine Sommer- oder Stieleiche und dürfte mit einem Umfang von 8,6 Metern und einem geschätzen Alter von 800 bis 1.000 Jahren, einer der ältesten und stärksten Bäume Mitteleuropas sein.

Die Legende erzählt, dass die Dicke Eiche schon ein kräftiger Baum war, als die ersten Menschen in den Odenwald kamen und ihn besiedelten. In ihrem Schatten soll auch Siegfried von der Jagd ausgeruht haben. Heute sieht der Stamm aus, als gehöre er einem längst abgestorbenen Baum und die Krone hat nur noch einen stärkeren grünen Ast. Dennoch wird der Baum als einer der Reste der ursprünglich natürlichen Vegetation des Odenwaldes erhalten.

Olfener Bild

An der der Landesstraße nach Güttersbach steht das Olfener Bild, einer der zahlreichen steinerne Bildstöcke im Odenwald. Es stammt noch aus vorreformatorischer Zeit und blieb über viele Jahrhunderte bis heute erhalten, obwohl es sich in den späteren evangelischen Gebieten der Kurpfalz und der Grafschaft Erbach befand. Früher rasteten hier die Olfener Kirchgänger und Trauergemeinden und hielten am so genannten Olfener Bild ihre Andachten auf dem Weg zu Kirche und Friedhof im benachbarten Güttersbach. Wahrscheinlich sammelten sich hier ebenfalls die zur Quellkirche nach Schöllenbach und zum „Heiligen Blut" nach Walldürn pilgernden Pfälzer Wallfahrer. Heute ist die Nische leer. Zusammen mit dem Sockel erreicht das „Bild" eine Höhe von knapp drei Metern.

Buchen

Touristik-Information Buchen

Platz am Bild

74722 Buchen

Tel.: 06281 / 27 80 | Fax: 06281 / 27 32

E-Mail: verkehrsamt-buchen@t-online.de

www.buchen.de

Öffnungszeiten:

Mo. - Fr. 8 - 12 Uhr und 14 - 16 Uhr

In der Saison auch Sa. 10 - 12 Uhr

Im Mittelpunkt des so genannten Madonnenländchens [→ Tour 4] liegt das romantische, über 1.200 Jahre alte Städtchen Buchen. Erstmalig erwähnt wird es im bekannten Lorscher Codex um 773/774. Die ersten Herren der Gemeinde waren die Benediktiner der Abtei Amorbach. Ihnen folgten das Bistum Würzburg, die Herren von Dürn, der Erzbischof von Mainz, dessen Herrschaft 500 Jahre währte, das Fürstentum Leiningen und das Großherzogtum Baden.

Zahlreiche Bau- und Naturdenkmäler gibt es hier, am südöstlichen Eingangstor zum UNESCO Geopark Bergstraße Odenwald, zu entdecken. So finden sich im Stadtteil Hettingen noch viele gut erhaltene Reste des Limes, die Eberstadter Tropfsteinhöhle [→ Tour 5] lockt mit ihren bizarren Gebilden und in der Kurmainzer Amtskellerei erhält der Besucher spannende Einblicke in die Geschichte der Stadt.

Das Beginenklösterle in der Marienstraße.

Mariensäule

Seinen Namen hat das Madonnenländchen von den zahlreiche Madonnen- und Marienstatuen die sich an Häusern befinden sowie von einer Vielzahl an Bildstöcken, die den Wegesrand zieren. Bildstöcke stehen über ihre künstlerische und historische Bedeutung hinaus in lebendiger Beziehung zu den Menschen. Sie wurden zur Sühne für menschliche Fehler, Dankbarkeit oder gar zur Abwendung von Notzeiten errichtet. Häufig waren auch Unglücksfälle der Grund.

Die Buchener Mariensäule – im Volksmund „Das Bild" genannt – ist das Wahrzeichen des Madonnenländchens und wurde nach schweren Zeiten der Pest 1754 im Stil des Barock mit einem korinthischen Kapitell errichtet. Auf der Vorderseite befindet sich eine lateinische Inschrift, die übersetzt lautet: „Die Schutzbefohlenen die Dir voll Andacht die Statue errichtet haben, nimm in Deinen Schutz, O Jungfrau." Die Mariensäule steht vor dem Mainzer Tor im Übergang der Vorstadtstraße in die Marktstraße.

Beginenklösterle

In der Marktstraße stoßen wir auf ein markantes, spätgotisches Gebäude mit einem steinernen Sockelgeschoss von 1489 und einer ungewöhnlichen Fachwerkkomposition, das Beginenklösterle. Hier wohnten im Mittelalter die Beginen. Sie lebten unter einer Oberin ohne Ordensgelübde und widmeten sich der Armen- und Kinderpflege. Gleich daneben liegt ein bezaubernder Heilkräutergarten, der einen Besuch lohnt.

Stadtturm Mainzer Tor

Von einst vier Stadttoren blieb allein das Mainzer Tor erhalten. Der mächtige mittelalterliche Turm ist aus rotem Sandstein verfertigt und steht in einem feinen Kontrast zu seiner geschieferten, achteckigen Barockhaube mit Laterne, die nach dem großen Brand in Buchen 1719 dem Turm neu aufgesetzt wurde. Das eigentliche Tor wird von einem großen gotischen Spitzbogen freigegeben. Oberhalb des äußeren Torbogens ist ein Buchener Blecker zu sehen. Bereits um 1309 entstanden die beiden unteren Geschosse im frühgotischen Stil. Um 1490 folgten zwei weitere Etagen aus der spätgotischen Zeit.

Altes Rathaus

Im Zentrum der Altstadt, direkt am Markt, liegt das prächtige, aus hiesigem roten Sandstein errichtete Alte Rathaus. Das ursprüngliche Gebäude wurde 1717 durch einen Blitzschlag zerstört, bereits 1723 stand der noch heute erhaltene Nachfolgebau in einer Mischung aus Barock und Spätrenaissance. Die dem Marktplatz zugewandte Hauptfassade zeigt eine ganze Reihe barocker Maßnahmen auf, wie z. B. die typischen geschweiften Fensterrahmungen oder der Dachreiter mit Zwiebelturm. Die klare Horizontalisierung der Fassade durch Gesimsstreifen, die geschossweiße Sta-

Das offene Untergeschoss des Alten Rathauses diente früher als Markthalle, im Hintergrund der Aufgang zur Stadtkirche.

pelung der Pilaster sowie der geschweifte und noch konsequenter horizontalisierte Giebel als Ganzes, weisen jedoch eindeutig auf die Renaissance hin. Beide Baustile wirken wie aus einem Guss und sind ein echter Blickfang auf dem Buchener Marktplatz. Durch das offene Untergeschoss, dass als Markthalle diente, führt der Aufgang zur Stadtkirche St. Oswald. Die schönen Torbögen sind mit Neidköpfen versehen, welche die bösen Geister fernhalten sollten.

Maria mit Jesuskind in der Kirche St. Oswald.

Stadtkirche St. Oswald

Die im gotisch-barocken Stil erbaute Stadtkirche St. Oswald liegt ganz in der Nähe des Rathauses. Von 1503 bis 1507 ließ Erzbischof Berthold von Henneberg die Kirche, deren Vorgängerbau aus dem 14. Jahrhundert stammte, zu einer spätgotischen Hallenkirche umbauen. Besonders hübsch ist ihr Turm aus rotem Sandstein. In der zweiten Hälfte des 18. Jahrhunderts erhielt der bis dahin spitze Turm seine barocke Zwiebelturmhaube mit einer zweifachen Laterne. 1958 wurde der Chor mit dem Querschiff angebaut.

Kurmainzsche Amtskellerei (Bezirksmuseum Buchen)

Am östlichen Rand der Buchener Altstadt befindet sich das malerische und geschichtsträchtige Ensemble der ehemaligen kurmainzischen Amtskellerei, das ganz dem Stil der Renaissance verpflichtet ist. Im Innenhof, den diese vier Gebäude bilden, soll Götz von Berlichingen 1525 die Hauptmannschaft über den „Hellen Haufen" des Odenwälder Bauernheeres übernommen haben und unter seiner ritterlichen Führung brach man gegen die rund 20 Kilometer entfernte Stadt Amorbach auf.

Oberhalb des Sockels haben alle Gebäude ein reich verziertes fränkisches Fachwerk und in den Fenster- und Türrahmungen der Erdgeschosse finden sich noch zahlreiche steinerne Renaissance-Details. Das älteste Gebäude ist der so genannte Steinerne Bau, der, wie das in Stein gehauene, farbig gefasste Wappen über der Eingangstür besagt, im Jahre 1493 unter dem Mainzer Erzbischof

Berthold von Henneberg als Sommerresidenz errichtet wurde. Das Trunzerhaus diente als Wohnhaus des kurmainzischen Amtskellers und wurde von der Familie des deutsch-schwedischen Komponisten Joseph Martin Kraus (1756-1792) bewohnt. Nach 1803 war hier das Fürstlich-Leiningensche Rentamt, und von 1868 bis 1900 das städtische Spital untergebracht. Im Jahre 1627 wurde die Zehntscheune errichtet. Ein Wappenstein über dem Eingang weist auf den Erbauer, dem Mainzer Erzbischof Georg Friedrich von Greiffenklau hin. Sie diente ursprünglich als Fruchtkasten, wo die Getreide- und Kartoffelabgaben eingelagert wurden, später als Farrenstall und Scheune. Das vierte Gebäude im Ensemble ist das Belz'sche Haus, das

Der Eingang zum steinernen Bau (oben) und das Trunzerhaus.

Verein Bezirksmuseum e. V. Buchen
Kellereistraße 25 & 29
Haagstr. 10 (Anmeldung für Führungen)
74722 Buchen
Tel.: 06281 / 88 98 | Fax: 06281 / 55 68 98
E-Mail: info@bezirksmuseum.de
www.bezirksmuseum.de
Öffnungszeiten:
Mai bis Oktober
Di. - Fr. 14 - 17 Uhr / So. 14 - 17Uhr
Führungen auch außerhalb der Öffnungs-
zeiten nach Vereinbarung möglich.

den Mainzer Erzbischöfen als Marstall diente.

Seit 1915/29 ist im Steinernen Bau und seit 1986 im Trunzerhaus, das Bezirksmuseum Buchen mit einer der reichhaltigsten volkskundlichen Sammlungen im badischen Frankenland untergebracht. Hier werden stilvoll eingerichtete bäuerliche und bürgerliche Stuben mit interessanten, für den Odenwald typischen „Baier-Schränken", sowie Kleidung und Odenwälder Tracht und eine Spielzeugsammlung gezeigt. Exponate zum Thema Buchener Handwerk und Zünfte, wie Schreiner, Küfer, Schlosser, Schmied, Schumacher, Gerber, Schneider, Bäcker und Friseur bereichern das Museum. In weiteren Ausstellungsräumen werden Exponate aus dem Atelier des ersten Buchener Fotografen Karl Weiß (1876-1956), die im Original erhalten geblieben sind, gezeigt. Im 1. Obergeschoss des Trunzerhauses befindet sich die Joseph-Martin-Kraus-Gedenkstätte in der auch die Nachlässe des Komponisten sowie seiner Schwester

Marianne (1765-1837) verwahrt und in Ausstellungen der Öffentlichkeit zugänglich gemacht werden.

Joseph Martin Kraus in Miltenberg geboren, gilt als Odenwälder Mozart. Er wuchs in Buchen auf, wo sein Vater den Kurmainzschen Amtskeller verwaltete. Durch seinen späteren Kommilitonen Carl Stridsberg, den er an der Universität Göttingen kennenlernte, kam er nach Stockholm, wo er Kapellmeister am Hof des schwedischen Königs Gustav III. und Direktor der Königlich Schwedischen Musikakademie wurde. Er starb mit nur 36 Jahren in Stockhom an Tuberkulose.

Joseph Haydn der Joseph Martin Kraus 1783 auf Schloss Esterhaza in Ungarn kennen gelernt hatte, urteilte in einem Brief: „Ich besitze von ihm eine seiner Sinfonien, die ich zur Erinnerung an eines der größten Genies, die ich gekannt habe, aufbewahre. Ich habe von ihm nur dieses einzige Werk, weiß aber, dass er noch anderes Vortreffliches geschrieben hat."

Ehemalige Synagoge
Die Buchener Synagoge wurde 1863/64 erbaut. Juden und Nichtjuden hatten dazu ein Kapital von 3.000 Gulden für 15 Jahre zinslos überlassen. Sie galt als schönste der Region und beherbergte auch eine Schule, die Lehrerwohnung und im Untergeschoss eine Mikwe, das rituelle jüdische Bad.

In der Zeit des Nationalsozialismus kam es auch in Buchen zu Boykottaufrufen und Ausschreitungen gegen die jüdischen Bürger der Stadt. Der letzte jüdische Lehrer und Kantor Willi Wertheimer half vielen Gemeindemitgliedern die Stadt zu verlassen und nach Israel auszuwandern. Der Unterhalt des Gebäudes konnte nicht mehr lange aufrecht erhalten werden. Daher entschlossen sich die noch verbliebenen Gemeindemitglieder das Synagogengebäude am 31. August 1938 für 6.000 RM zu verkaufen.

Dennoch demolierten Nazischläger in der Progromnacht vom 10. November 1938 die Inneneinrichtung, worauf im folgenden Jahr das Gebäude zum größten Teil abgebrochen werden musste und an seine Stelle erst eine Autowerkstatt und später ein Einkaufsmarkt gesetzt wurde. Die verbliebenen Juden – insgesamt 20 Personen – wurden am 22. Oktober 1940 zunächst nach Südfrankreich deportiert und von dort in die Vernichtungslager im Osten weitergeleitet. Die meisten von ihnen wurden in Auschwitz ermordet.

An das jüdische Leben in Buchen, das bis ins 14. Jahrhundert zurückreicht und immer wieder durch Verfolgung und Vertreibung unterbrochen wurde, erinnert heute eine Gedenkstätte, die die Stadt in den übrig gebliebenen und wiederhergestellten Kellerräumen der Synagoge eingerichtet hat. Hier, am Jakob-Mayer-Platz, benannt nach dem jüdischen Mundart- und Heimatdichter, wird auch der zerbrochene Grundstein der Synagoge, der 1960 aus dem Bauschutt geborgen wurde, verwahrt.

Tipp:
Über das Leben der jüdischen Bürger im Kreis Buchen, die ehemals jüdischen Gemeinden von Adelsheim bis Walldürn, die Grundlagen und Besonderheiten jüdischer Rituale und Bräuche, die jüdischen Friedhöfe im Altkreis Buchen sowie über die Erinnerungen Willi Wertheimers über den schleichend sich entwickelnden Einfluss der Nationalsozialisten, informiert ein kleines, sehr detail- und kenntnisreiches Büchlein von Daniel Mahr.

Buchener Synagoge etwa um 1938
von der Gartenseite aus.

Der Buchener Blecker

Der ca. 500 bis 700 Jahre alte Blecker ist das Wahrzeichen der Stadt Buchen und die Symbolfigur der Buchener Faschenacht. Von der Frühzeit über das Mittelalter bis in die Neuzeit hinein, wurden derartige Figuren als Schutz gegen böse Geister und Dämonen gesehen. Mit der gleichen Absicht brachte man auch „Neidköpfe" aus Stein oder Holz an den Häusern an.

Das Altstadtbild von Buchen ist geprägt von einer Vielzahl solcher Figuren. Der original Buchener Blecker befand sich früher auf der Stadtmauer zum Schutz vor Belagerungen und allem Bösen. Anfang des 19. Jahrhunderts wurde er beim Abriss eines Stadtmauerteiles wieder gefunden.

Die Legende erzählt, dass die Stadt Buchen von einer Armee belagert wurde. Als ihre Nahrungsmittel zu Ende zu gehen drohten, entschlossen sich die Bewohner einem einzigen Mann alles Essen zu geben. Wohlgenährt wie dieser dann war, streckte er auf der Stadtmauer den feindlichen Truppen seinen dicken Hintern entgegen um zu zeigen, dass die Truppen noch lange warten könnten, da es in der Stadt offensichtlich noch genug Essen gab um einen einzigen Mann so gut zu nähren. Darufhin zogen die Belagerer ab. Das der Buchener Blecker die Stadt tatsächlich schützte, beweißt die erfolglose Belagerung durch die Truppen von Ruprecht I. von der Pfalz im Jahre 1382.

Auch das berühmte Zitat von Götz von Berlichingen steht im Zusammenhang mit dem Blecker. Die „Mainzer Fehde", in deren Verlauf das Zitat fiel, brach durch eine Missetat der Buchener aus. Diese trieben einmal ihr Vieh in das Getreidefeld eines Hainstadter Bauern, ein Untertan vom Götz von Berlichingen. Götz, der das Fehdehandwerk als Haupterwerbszweig betrieb, stellte eine übertriebene Schadenersatzforderung an den Mainzer Erzbischof, der seine Sommerresidenz in Buchen hatte. Das Erzbistum verzögerte jedoch die Bearbeitung der Klage über Jahre hinweg. Schließlich riss dem Götz der Geduldsfaden und das berühmte Zitat fiel.

Der Buchener Blecker – das Wahrzeichen der Stadt.

In seinen Lebenserinnerungen schrieb von Berlichingen, dass ihm von Buchen „je keiner hold gewest sei".

Heute ist der original Blecker im Bezirksmuseum der Stadt zu finden. Eine Nachbildung des Bleckers wird jedes Jahr auf einem eigenen Wagen zur Buchener Faschenacht durch die Stadt gezogen. Dabei ist es Brauch, auf den Wagen zu steigen und dem Blecker den Hintern zu küssen.

Der Blecker wird heute in allen Größen und aus den verschiedensten Materialien – von Marzipan bis Messing verkauft.

Bürgstadt

Tourismusgemeinschaft

Miltenberg - Bürgstadt - Kleinheubach

Engelplatz 69

63897 Miltenberg

Tel.: 09371 / 40 41 19

Fax: 09371 / 94 88 944

E-Mail: tourismus@miltenberg.info

Bürgstadt wird erstmals im Jahr 1181 in einer schriftlichen Überlieferung erwähnt, obwohl der Ort schon vorher bestand. Den frühzeitigen Aufschwung verdankt die Marktgemeinde am südwestlichen Knick des Mainvierecks, direkt an der Mündung des Nebenflüsschens Erf gelegen, dem Buntsandstein. Dieser wurde bereits im frühen Mittelalter hier gebrochen und bearbeitet, um dann flussabwärts zu den großen Kirchenbauten am Rhein und Main gebracht zu werden.

Spätestens seit dem 13. Jahrhundert erlangte der Weinanbau rund um Bürgstadt an Bedeutung. Die Erzbischöfe von Mainz ließen sich hier ihre edlen Tropfen heranziehen. So war Bürgstadt einer der ersten Orte an dem die Rotweinsorte Frühburgunder angebaut wurde. Wiederum war es der Felsen der die Reben besonders gut gedeihen ließ und somit den geschätzten Wein lieferte. Der sich dadurch entwickelnde Wohlstand ist noch heute an kulturellen Schätzen, wie der Martinskapelle und dem Rathaus abzulesen.

Auch die aufwändig gestalteten Fachwerkhäuser in der Freudenberger Straße erzählen von den gutbetuchten Bürgstadtern früherer Jahrhunderte. Wanderfreunde sowie Wein- und Naturliebhaber kommen in Bürgstadt besonders auf ihre Kosten. Weinberge, Wiesen und Flure an den Ufern von Main und Erf laden zu reizvollen Touren ein. Höhepunkte im Jahresablauf sind das Winzerfest um den Feiertag Christi Himmelfahrt im Mai sowie das Straßen- und Hoffest der Vereine am zweiten Wochenende im Juli.

Renaissance Rathaus

Das Rathaus ist auf Nachfrage während der Dienststunden der Gemeindeverwaltung zu besichtigen.

Große Maingasse 1

63927 Bürgstadt

Tel.: 09371 / 9758-0 | Fax: 09371 / 6500500

E-Mail: poststelle@buergstadt.de

Öffnungszeiten:

Mo. - Fr. 8 - 12 Uhr | Mo. 13 - 18 Uhr

Mi. 13 - 16 Uhr

Zwischen 1590 und 1592 erbaut, steht das Rathaus zeitlich und künstlerisch in engem Zusammenhang mit der Martinskapelle. Sein im gotischen Baustil errichteter Dachstuhl stammt vom gleichen Zimmermann wie derjenige der Kapelle. Auch die Innenausmalung besorgte der gleiche Meister, wie Einzelformen der Malereien im Treppenhaus des Rathauses und die hier verwendeten Farben zeigen. Den Rest des Gebäudes dominieren Renaissanceformen. Besonders hübsch ist das Sitznischen-Portal. In dem sich darüber befindlichen Schlussstein werden in der Bauinschrift als „Baumeister" Mitglieder des Bürgstadter Gemeinderats genannt. Dabei wird besonders hervorgehoben, dass der Bau „mit gemeinen Kosten" errichtet worden war, das heisst die Bürgstädter brachten die Mittel für den Bau selbst auf.

Giebeldetail am Rathaus.

Ursprünglich war die Gewölbehalle im Erdgeschoss sowie das Treppenhaus, das Trauzimmer und Sitzungssäle voll-

ständig ausgemalt. Leider ist über die Jahrhunderte und durch frühere Renovierungen vieles verloren gegangen. 1992 wurden die Wände dieser Räume in den Originalzustand zurückgeführt, ebenso die Decke des Trauzimmers und die Täfelung an der Nordwand des Sitzungssaales. Im gleichen Jahr wurden auch Details der Gewölbehalle rekonstruiert (Rosetten) bzw. freigelegt. Besonders hervorzuheben sind die leuchtkräftigen Farben der Glasfenster aus der Zeit von 1593 bis 1613. Sie zeigen die Wappen der Mainzer Erzbischöfe, der Mainzer Amtmänner zu Miltenberg und der dortigen Mainzer Keller (Wirtschaftsverwalter).

Alte Pfarrkirche St. Margaretha

Bereits vor 1220 wurden das Hauptschiff und der Turm der mitten im Ortskern liegenden alten Pfarrkirche St. Margaretha errichtet, die im Laufe der Zeit mehrere An- und Umbauten erfuhr. Um 1490 erhielt sie eine Sakristei an der Nordseite des Turmes, sowie spätgotische Portale, die vielleicht durch Künstler der Frankfurter Dombauschule gestaltet wurden. 1585 erhöhte man den Turm, 1608 wurde der Anbau des Seitenschiffs im Stil der Echtergotik vollendet, benannt nach dem Würzburger Fürstbischof Julius Echter von Mespelbrunn (1585-1617). Um 1750 kam die Verlängerung der Schiffe nach Westen und das Einsetzen des Hauptportals in die Verlängerung der Südwand unter Baumeister Christian Wolff aus Amorbach hinzu.

Am östlichen Südportal ist die heilige Margaretha im Kampf mit dem Drachen zu sehen. Darunter befindet sich eine Inschrift, die von einem Ablass des Jahres 1437 berichtet. Das Tympanon über dem westlichen Portal der Südfassade, das bis um 1750 als Hauptportal an der Straßenseite stand, zeigt die Auferstehung Christi, im Gewändescheitel darunter ein Engel mit Spruchband. Durch die barocke Einrichtung lässt sich die mittelalterliche Bausubstanz heute nur noch an wenigen Stellen der Kirche erahnen, wie in dem kleinen, quadratischen Chorraum, der das Untergeschoss des Turmes bildet. Hier ruhen die Gewölberippen auf Viertelsäulen mit romanischen Kapitellen und ein stark eingezogener Rundbogen trennt den Chorraum vom Hauptschiff. Die aus der Baugeschichte resultierende Asymmetrie des Gebäudes erschließt sich vor allem bei der Betrachtung des Innenraums. Der Hauptaltar steht seit dem Anbau des Seitenschiffs nicht mehr in der Mittelachse und die Trennwand von Haupt- und Seitenschiff wurde 1750 nicht verlängert, um die damals eingebaute Empore nicht zu stören. Die noch heute erhaltene Innenausstattung mit dem Haupt-, dem Marien- (links) und dem Kreuzaltar (rechts) sowie dem um 1750 hinzugekommenen Sebastiansaltar (Seitenschiff) und dem Hochaltarbild von Nikolaus Hoof aus Mudau, stammen fast ausschließlich aus dem 18. Jahrhundert.
Gleichzeitig begann die Errichtung der Orgel, wofür der Dachboden aufgewölbt werden musste. Gefertigt wurde das Instrument von Johann Konrad Wehr aus Marktheidenfeld. Es gilt heute als dessen ältestes erhaltenes Werk. Nach 1760 erneuerte man Kanzel und Kommunionbank, die wie die Altäre marmoriert wurden. Der Hochaltar erhielt 1773 seine endgültige Fassung von dem Maler Thalheimer aus Amorbach.

Martinskapelle

Die Wurzeln der Martinskapelle, die vermutlich zunächst Pfarrkirche für die gesamte Umgebung war, gehen in die Zeit zwischen 900 und 1000 zurück. Sie birgt eine einzigartige Innenbemalung vom Ende des 16. Jahrhunderts, welche auf 40 Medaillons die bebilderte Heilsgeschichte zeigt. Zusammen mit der ältesten Darstellung im Altarbereich ist das so genannte „Bildermeer" ein besonderes bemerkenswertes Stück der Kirchenkunst in der Renaissance.

In der Zeit um 1490 erhielt die Kapelle neue Portale und Türbeschläge, die noch heute erhalten sind. Das Hauptportal zeigt im Tympanon den heiligen Martin zu Pferd, der seinen Mantel mit dem Bettler teilt. Darüber ist Christus mit dem Mantel in der Hand, so wie er der Legende nach Sankt Martin im Traum erschienen ist. Im Innenraum befindet sich Sankt Martin im Chor und die ausdrucksstarke Kreuzigungsgruppe im Triumphbogen. Rechterhand vom Eingang sind drei Sühnekreuze, wie sie für die Region im 15. Jahrhundert typisch waren, zu sehen. Nach mehreren Umbauten verfiel das Gebäude. Ihre heutige Gestalt erhielt

Das Bildermeer in der Martinskapelle.

die Martinskapelle um 1590. Die 100 Jahre älteren großen Fenster wurden ge schlossen, der Dachstuhl erhöht sowie der Chor und das Schiff mit den bereits erwähnten Bilderzyklen ausgemalt.

Anfang des 17. Jahrhunderts stifteten Centgraf Leonhard Gackstatt und seine Frau Brigitta den Hochaltar, der bis ins 20. Jahrhundert hinein immer wieder verändert wurde. Der Wendelinusaltar, das Hauptaltarbild und -antependium mit Darstellungen des heiligen Martin stammen von Nikolaus Hoof aus Mudau und wurden 1748 fertig gestellt. Ein weiteres Schmuckstück in der Kapelle sind die Hinterglasbilder des Kreuzwegs mit 15 Stationen, die kurz vor oder um 1800 am Staffelsee entstanden.

Für Besichtigungen erhalten Sie den Schlüssel direkt nebenan bei der Gärtnerei Kling
Martinsgasse 22
63927 Bürgstadt
Tel.: 0 93 71 / 48 71
Führungen in der Kapelle sind über die Gemeindeverwaltung Bürgstadt
(Tel.: 09371 / 97 38 0) kostenfrei möglich.

Centgrafenberg und Ringwall

Über dem Centgrafenberg thront die Centgrafenkapelle, ein Wahrzeichen der kleinen Gemeinde. Der Bau der Kapelle aus rotem Mainsandstein wurde mit großem Elan 1629 begonnen, aber nach dem Einfall der schwedischen Truppen im Dreißigjährigen Krieg 1630 unterbrochen und nie wieder aufgenommen. (→ Wanderung 3)

Von der Centrafenkapelle erreicht man in westlicher Richtung am Wannenberg einen alten Ringwall. Es handelt sich dabei um die Überreste einer bedeutenden Siedlung der Michelsberger Kultur, die um 3200 v. Chr. entstand und hier für ca. 250 Jahre existierte. Diese Kultur gehörte zur Gruppe der Bandkeramiker, denen die typischen bänderartige Verzierung ihrer Keramik den Namen gab. Zum Schutz ihrer Lagerstätte errichteten sie einen Holz-Erde-Wall, dessen genaue Ausmaße bisher noch nicht rekonstruiert werden konnten.

Etwa tausend Jahre später, in der Urnenfelderzeit (1200 bis 700 v. Chr.), kam es zur erneuten Befestigung des Wannenberg-Areals. Die aus Stein und Erde erbauten Mauern umschlossen auf einer Länge von 3,4 Kilometer ein Areal von ca. 40 Hektar Land und bilden noch heute den Kern des sichtbaren Walles. Die Bebauung auf dem Berg diente jedoch nur als Fliehburg, die Bevölkerung siedelte hingegen im Tal. Bis in die frühkeltischer Zeit (700 bis 400 v. Chr.) hinein nutzte man die Wannenberg-Anlage. Heute kann man die mittlerweile rekonstruierte monumentale Toranlage aus der Zeit um 900 v. Chr. bestaunen und ganz in der Nähe auch ein paar imposante Heunefässer.

Heunesteine
Rund um Bürgstadt findet sich widerstandfähiger Felssandstein. Dieser lieferte in Form von natürlichen Bruchstücken das Material für die so genannten Heunesteine, Heunefässer, Sarkophage und Mühlsteine. Mit dem Beiwort „Heune" wurde in der Zeit der Romantik alle Steine versehen, die entweder durch Bearbeitung oder durch Einflüsse von Wind und Wetter eine bemerkenswerte Form erhalten hatten. Weil man über ihre Entstehung nichts Genaues wusste, wob man Sagen, nach denen sie Spielzeuge oder Gebrauchsgegenstände von vorzeitlichen Riesen gewesen seien. Bereits die frühen Siedler des Wannenberges haben den anstehenden Stein für die Errichtung des Ringwalls genutzt. Dieser wurde nicht in Steinbrüchen gebrochen, sondern Felsstücke wurden direkt an ihrem Liegeplatz bearbeitet. Vor allem im 11. Jahrhundert stellte man, so wird vermutet, hier und unweit von Bürgstadt, auf dem Bullauer Berg bei Michelstadt, für den von zwei verheerenden Bränden zerstörten Mainzer Dom, die Säulen her. Noch heute liegen auf dem Berg einige der mehrere Meter langen Sandsteinsäulen.

Erfbrücke
Die heutige Erfbrücke von 1753/54, ist ein Nachfolgebau der 1732 während eines verheerenden Hochwassers weggerissenen steinernen Brücke aus dem Jahre 1538. Damals versank auch die Ölmühle in den Fluten, deren tonnenschweren Läuferstein man erst 1983 im Bett der Erf fand und am Ufer aufgestellt hat. Der Entwurf der neuen Brücke stammte von dem Miltenberger Baumeisters Johann Martin Schmitt. Die

Bauausführung übernahm der Amorbacher Christian Wolff. Flussaufwärts erinnert ein barocker Bildstock an die Toten des „Michelswassers" von 1732.

Heimatmuseum

In der alten Mittelmühle eröffnete 1995 das Heimatmuseum, das mit viel Liebe zum Detail die Geschichte des Bürgstadter Weinbaus und der Sandsteinindustrie, die ihre Blütezeit im Hochmittelalter hatte und bereits um 1000 bis an den Niederrhein und nach Dänemark exportierte, zeigt. Hier finden sich ebenso quellenreiche Informationen zur Ortsgeschichte (von der Vorgeschichte über die Römerzeit bis zur Neuzeit) sowie zum Leben und Werk des Komponisten Johann Michael Breunig (geb. 1699 in Bürgstadt). Ein eigener Raum ist der Dokumentation und Erinnerung an die Vertreibungen nach 1945 gewidmet. Innerhalb von nur sechs Monaten stieg damals die Bevölkerungszahl in Bürgstadt um ein Drittel an.

Wissenswertes über den Weinbau, findet der Besucher im Erdgeschoss des Museums. Der Weinbau kann in Bürgstadt auf eine lange Tradition zurückblicken, denn schon 1248 besaß hier der Mainzer Erzbischof 10 Joch Weinberge. Typische Arbeitsgeräte des Winzers werden im Wandel der Zeit gezeigt. Es gibt Informationen über die Bürgstadter Weinlagen, die Weinsorten, die Weinbehandlung sowie die Rechtsvorschriften. Eine Sammlung alter und neuer Weinflaschen und Weingläser rundet die Präsentation ab.

Heimatmuseum des
Heimat- und Geschichtsvereins Bürgstadt
Am Mühlgraben 1
63927 Bürgstadt
Tel.: 09371 / 97 38 92 | Fax: 09371 / 65 00 504
info@hgv-buergstadt.de
www.hgv-buergstadt.de
Öffnungszeiten:
So. 14 Uhr bis 18 Uhr
Sonderführungen für Gruppen

Häckerwirtschaften

Bei einem Besuch in Bürgstadt darf ein Besuch in der "Häcke" nicht fehlen. Die Tradition der Häckerwirtschaften geht bis ins Mittelalter zurück. Etwa 35-mal haben Häckerwirtschaften saisonal geöffnet. Dann wandert der Häckerkranz wochenweise von Weingut zu Weingut und weist so den Weg zur jeweils geöffneten „Häcke". Einheimische und Gäste aus Nah und Fern sitzen dann gerne in den gemütlichen Winzerhöfen, genießen die hervorragenden Weine und die fränkische Hausmannskost, die traditionell zu den Bürgstädter Weinen serviert wird. Jedes Weingut hat dabei seine eigenen Besonderheiten, was auch einen wiederholten Besuch in Bürgstadt interessant macht. Entlang der mitten durch Bürgstadt führenden Freudenberger Straße reihen sich vom historischen Rathaus bis zum Ortsende die Weingüter und Häckerwirtschaften wie auf einer Perlenschnur. Besonders empfehlenswert sind die Weingüter Neuberger (Haus-Nr. 7), Walter (Haus-Nr. 21-23) und Stich „Im Löwen" (Haus-Nr. 73).

Weingut Neuberger

Mit 10 Hektar Rebfläche am Centgrafenberg gehört das Weingut von
Burkhard und Andrea Neuberger zu
den großen Weinbaubetrieben in Bürgstadt. Über die Hälfte der Rebfläche ist
mit roten Rebsorten bestockt, wobei
der Spätburgunder den mit Abstand
größten Anteil ausmacht. Vergoren
werden die roten Trauben in traditioneller Maischegärung. Die kräftigen
Rotweine reifen mindestens 12 Mo-
nate in Eichenholzfässern ihrer Vollendung entgegen. So entstehen markante Spätburgunder und als Spezialität des Hauses – weiche, samtige Frühburgunder, wie man sie nur noch
selten findet.

Feine, klare Weißweine vom einfachen
Schoppenwein über trockene Kabinett-
und Spätleseweine bis hin zu edel-
süßen Auslesen runden das Sortiment ab.
In der liebevoll eingerichteten Vinothek kann man die große Weinvielfalt
entdecken und probieren, die das Weingut Neuberger bietet.

> **Weingut Neuberger**
> Burkhard Neuberger
> Freudenberger Straße 7 | 63927 Bürgstadt
> Tel.: 09371 / 25 62 | Fax: 09371 / 70 08
> E-Mail: info@weingut-neuberger.de
> www.weingut-neuberger.de
> **Öffnungszeiten Vinothek:**
> Di.-Fr. 9 - 12 Uhr und 14 - 18.30 Uhr | Sa. 9 - 15
> Uhr oder nach telefonischer Absprache.

Dreimal jährlich laden die Neubergers in ihre gemütliche Häckerwirtschaft im historischen Fachwerkhaus
und dem angrenzenden gemütlichen Innenhof des Weingutes ein.

Weingut Josef Walter

Am Anfang des Weingutes stand ein landwirtschaftlicher Gemischtbetrieb, wie es in Bürgstadt üblich war. 2006 kauften Christoph und Daniela Walter das Anwesen Schirmer in der Freudenberger Straße gegenüber der Pfarrkirche und bauten den ehemaligen Bauernhof zum Weingut um. Heute bewirtschaften sie dreieinhalb Hektar Reben am Bürgstadter Centgrafenberg.

Dreiviertel der Weinberge sind mit roten Sorten bestockt, vor allem Früh- und Spätburgunder. „Rotwein ist bei uns keine Modeerscheinung, sondern hat eine lange Tradition", so Christoph Walter. Sein Vater Josef Walter war einer der beiden ersten Winzer in Bürgstadt, die wieder Spätburgunder anpflanzten.

Die Walters bemühen sich um einen naturnahen Weinbau durch Verzicht auf mineralische Stickstoffdüngung, Dauerbegrünung in mindestens jeder zweiten Rebzeile, Ausbringung von Stallmist und Kompost und einen verantwortungsvollen Umgang mit Pflanzenschutzmitteln.

Das Qualitätsstreben der Familie Walter wird durch zahlreiche Auszeichnungen bei der Fränkischen und der Deutschen Weinprämierung bestätigt. Beim Wettbewerb um den 1. Pinot Mûr Cup der Zeitschrift „Wein Gourmet" belegte ihr 1999er Spätburgunder „J" den 5. Platz und reihte sich damit in die Riege der Europäischen Spitzenweine ein.

Weingut Josef Walter

Christoph und Daniela Walter

Freudenberger Straße 21-23

63927 Bürgstadt

Tel.: 09371 / 94 87 66 | Fax: 09371 / 94 87 67

E-Mail: info@weingut-josef-walter.de

www.weingut-josef-walter.de

Öffnungszeiten Vinothek:

Mo., Di., Do. 14 - 18 Uhr

Mi., Fr. 9 - 12 Uhr und 14 - 18 Uhr

Sa. 9 - 15 Uhr

Weingut Stich „Im Löwen"

In den ehrwürdigen Gebäuden des 1901 erbauten ehemaligen Gasthofs „Im Löwen" hat das Weingut Stich sein Domizil. Seit Generationen pflegt die Familie den Qualitätsweinbau wie das Holzküferhandwerk. Klar, dass dabei Spitzenweine herauskommen.

Mit dem Gefühl für die Lagenvorteile des Bürgstadter Centgrafenberg und der Prichsenstadter Krone sowie dem Wissen um die Besonderheiten der Rebsorten, entstehen u.a. elegante Burgunder die den internationalen Vergleich nicht zu scheuen brauchen.

Angebaut werden Spätburgunder, Frühburgunder, Müller-Thurgau, Sil-vaner, Riesling, Gewürztraminer und Weißburgunder, „Weine mit Charakter für Menschen mit Charakter", wie Gerhard Stich betont.

Aus Spätburgunder Trauben wird im Weingut zudem Sekt nach traditioneller Flaschengärung hergestellt – Winzersekt mit echten Champagnerqualitäten.

Im alten Gasthof werden all die edlen Tropfen zur Zeit des Gutsausschanks im gepflegten Jugendstilambiente angeboten. Dazu gibt es erlesene fränkische Köstlichkeiten. Alle Termine um Wein und Kultur werden auf der Homepage des Weingutes bekannt gegeben.

Weingut Stich „Im Löwen"
Gerhard und Helga Stich
Freudenberger Straße 73
63927 Bürgstadt
Tel.: 09371 / 57 05 | Fax: 09371 / 80 973
E-Mail: info@weingut-stich.de
www.weingut-stich.de
Öffnungszeiten Vinothek:
Mo. - Fr. 8.30 - 12.30 Uhr und 13.30 - 18 Uhr
Sa. 8.30 - 16 Uhr
Gutsausschank jährlich für 3 Wochen ab
Ostermontag und 10 Tage Anfang Juli:
täglich ab 12 Uhr geöffnet.

Erbach

Touristik-Zentrum Odenwald

Marktplatz 1

64711 Erbach

Tel.: 06062 / 94 330

Fax: 06062 / 94 33 17

E-Mail: odenwald@oreg.de

www.erbach.de

Öffnungszeiten:

Mo. - Fr. 9 - 17 Uhr

Sa., So., Feiertag: 11 - 15 Uhr

Stadtverwaltung Erbach

Neckarstraße 3 / 64711 Erbach

Tel.: 06062 / 640

E-Mail: stadtverwaltung@erbach.de

Idyllisch im Tal der Mümling gelegen, befindet sich die bereits 1095 im Lorscher Codex erwähnte Stadt Erbach.

Im Mittelalter um 1180 errichteten hier die Schenken zu Erbach-Erbach eine Wasserburg, deren mächtiger gotischer Bergfried die Zeiten überdauert hat. Die dazugehörige Burgmannen-Siedlung umgab eine Mauer von der noch heute einige Reste erhalten sind. 1560 erhielt die Stadt Wappen und Siegel verliehen. Der Dreißigjährige Krieg und die Pestjahre hinterließen schwere Schäden an der blühenden Residenzstadt. Erst mit dem letzten Reichsgrafen Franz I. (1754-1823) erhielt Erbach einen neuen Aufschwung. Dieser förderte den Ackerbau, die Viehzucht und schuf zur Belohnung für gut befolgte Ratschläge den Kleetaler und die Feldbaumedaille.

1783 führte er die Elfenbeinschnitzerei ein, die bis heute in den hiesigen Werkstätten betrieben wird und der Stadt den Beinamen Elfenbeinstadt gibt. Ein Denkmal auf dem Marktplatz vor dem Schloss erinnert an Graf Franz I. Das Barockschloss und die spätbarocke Evangelische Stadtkirche aus der ersten Hälfte des 18. Jahrhunderts, das historische Städtel, der prächtige Marktplatz und die liebevoll restaurierten Fachwerkhäuser prägen die Altstadt des Luftkurortes Erbach.

Schloss Erbach, Lustgarten und Orangerie

Die ältesten Zeugnisse für Gebäude im Bereich des heutigen Erbacher Schlosses weisen in das 12. Jahrhundert. Der erhaltene Bergfried der Wasserburg, die auf einer Insel in der Mümling errichtet wurde, stammt noch aus der Stauferzeit, der gotische Turmhelm wurde 1497 aufgesetzt. Zu Beginn des 16. Jahrhunderts erweiterten die Grafen zu Erbach-Erbach die ehemalige romanische Wasserburg zu einem Renaissance-Schloss, dass jedoch im Dreißigjährigen Krieg Schaden nahm. Das heutige Schloss ließ Graf Georg Wilhelm zu Erbach-Erbach ab 1736 auf den Grundmauern der früheren Tiefburg erbauen und erweitern. Seine neobarocke Fassade mit den Fensterumrandungen, dem Schlossportal und dem Balkon auf der Marktplatzseite erhielt das Schloss erst 1902.

Der grüne Salon im Schloss.

Gräfliche Sammlungen Schloss Erbach

Marktplatz 7

64711 Erbach

Tel.: 06062 / 80 95 60

Fax: 06062 / 80 95 615

E-Mail: info@schloss-erbach.de

www.schloss-erbach.de

Öffnungszeiten:

März bis Oktober:

Mo. - Fr. 11, 14, 16 Uhr

Sa., So., Feiertage 11, 14, 15 und 16 Uhr

Adventswochenenden:

Fr.-So. 14, 15, 16, 17 Uhr

Januar bis Dezember:

Sonderführungen sind nach Voranmeldung jederzeit möglich. Besichtigung nur mit Führung. Die Schlossräume sind nicht beheizt.

Den ehemaligen Burghof umgeben eine Reihe von Nebengebäuden. Gegenüber dem Hauptgebäude liegen der Kanzleibau (1540), das ehemalige Kornhaus, der Alte Bau (1550), ein zweigeschossiges Gebäude mit Stallungen und Fachwerk-Obergeschoss sowie der Damenbau. An der dem Marktplatz zugewandten Seite findet sich der Torbogen mit dem Archivbau (Bauinschriften von 1571 und 1593).

Zu dem Schloss-Ensemble gehörten ebenso die barocke Organgerie mit dem Schlossgarten.

Einzigartig sind die Gräflichen Sammlungen, deren Grundstein der Altertumsliebhaber und Sammler Franz I. zu Erbach-Erbach legte. Die unrestaurierten Salons und Privatgemächer zeigen die Sammlungen fast unverändert so, wie der aufgeklärte Graf sie nach seinem und dem Verständnis der damaligen Zeit ordnete.

In extra dafür eingerichteten Räumen und Raumfolgen des Schlossen befinden sich Exponate aus der griechischen und römischen Antike, darunter eine sehr bedeutende Büste Alexander des Großen. Der Rittersaal beherbergt die Waffen- und Rüstungssammlung aus dem Mittelalter und der frühen

Blick auf den Archivbau.

Neuzeit, mittelalterliche Glasmalerei sowie den „Schenkenbecher" des Mainzer Kurfürsten Dietrich Schenk von Erbach.

In der Gewehrkammer kann man der Entwicklung der Handfeuerwaffen nachgehen und in der Hirschgalerie eine der bedeutendsten europäischen Sammlungen kolossaler Geweihe sehen. Wertvolle Fayencen, kostbare Gläser und ostasiatische Keramik, originale Stuckverzierungen und Wandbespannungen sowie die dazu passende Möblierung, griechische und süditalienische Vasen sowie Porträts und Miniaturen runden diese prachtvolle kulturelle Sammlung ab.

Städtel mit Tempelhaus, Habermannsburg und Burgmannenhaus Pavey

Nördlich des Schlosses befindet sich der mittelalterliche Kern Erbachs. Seit dem 14. Jahrhundert sind hier die Höfe der Burgmannen nachweisbar, von denen sich Teile bis heute im so genannten „Städtel" erhalten haben. Als Burgmannen bezeichnet man Ministerialen bzw. später Niederadlige, die von einem Burgherren zur Bewachung und Verteidigung der Burg beauftragt wurden. Die Pflicht zur Anwesenheit bedingte, dass der Burgherr seinen Burgmannen unentgeltlich einen Wohnsitz innerhalb der Burganlage oder zumindest in deren unmittelbarer Nähe zur Verfügung stellen musste. Eine solche

Das Tempelhaus im historischen Städtel.

Wohngelegenheit wurde Burgmannensitz genannt. Besonders sehenswert sind in Erbach das Tempelhaus, Sitz der Familie Echter (Städtel 15a/21), die Habermannsburg (Städtel 26), Sitz der Familie von Habern, das nordwestlich an die Nebengebäude des Schlosses anschließt sowie das Burgmannenhaus Pavey das den nordwestlichen Abschluss der Burgsiedlung bildet und sich an die Stadtbefestigung anlehnt.

Das Tempelhaus, ein massiver Steinbau aus Sandsteinen mit bossierten Eckquadern und Treppengiebeln, war im Norden an die Stadtmauer angelehnt. Neben seiner Funktion als Wehrturm, zeigen die vier Wohngeschosse sowie das Dachgeschoss und der Keller, dass es auch zum Wohnen genutzt wurde. Zum Komplex gehörte auch das südwestlich gelegene Haus Städtel 17, das in einer Kartusche im Wappen die Jahreszahl 1545 aufweist. An seiner Stirnseite befindet sich das Allianzwappen der Echter von Mespelbrunn und Adelsheim.

Bei der Habermannsburg handelt es sich um einen spätgotischen Bau auf trapezförmigem Grundriss mit Buckelquadern an den Ecken. Auf dem Mittelrisalit befindet sich das Wappen der Familie von Habern mit zwei Äxten und der Jahreszahl 1515. Der Risalit selbst war möglicherweise bis zu einem Umbau ursprünglich ein runder Treppenturm. Das Gebäude wird 1414 erstmals urkundlich erwähnt: Hans von Habern erwirbt „huß und hoffereyde in der Stat zu Erpach".

Das Burgmannenhaus der Familie Pavey, eines der älteren Burgmannengeschlechter, wird erstmals 1427 erwähnt. An dem Fachwerkbau mit seinem steinernen Sockelgeschoss befindet sich unter einer zweiläufigen Freitreppe ein Kellerportal mit dem Wappen der Familie Zeitbos und der Jahreszahl 1545. Die Fachwerksubstanz der Haupt- und der Nebengebäude ist bei einem Brand im 18. Jahrhundert zerstört worden. In den nördlichen Teil wurde ein Turm der Stadtbefestigung integriert. Im Erdgeschoss des Anbaus ist ein Rundbogenfries erhalten, der zusammen mit der Form der Schießscharten auf das 14. oder 15. Jahrhundert verweist.

Das Burgmannenhaus Pavey.

Deutsches Elfenbeinmuseum

Deutsches Elfenbeinmuseum
Otto-Glenz-Str. 1
64711 Erbach
Tel.: 06062 / 91 99 90
Fax: 06062 / 91 99 921
E-Mail: elfenbeinmuseum@erbach.de
Internet: www.elfenbeinmuseum.de
Öffnungszeiten:
Täglich von 10 - 17 Uhr
November - Februar montags geschlossen.

Seit 1783 gibt es das Kunsthandwerk der Elfenbeinschnitzerei in Erbach. Der letzte Reichsgraf zu Erbach-Erbach Franz I. hatte dieses filigrane Handwerk eingeführt um seiner Stadt wieder zur Blüte zu verhelfen.

Seit 1966 besteht hier das Deutsche Elfenbeinmuseum, als einziges Spezialmuseum für Elfenbeinkunst weltweit. Über 2.000 Exponate der Elfenbeinkunst aus verschiedenen Epochen und Ländern vom Mittelalter bis heute, Kostbarkeiten aus Europa, Afrika und Asien gibt es in einer ständigen Ausstellung zu bewundern. Lebendig wird die über 200 Jahre lange Geschichte der Erbacher Elfenbeinschnitzer dargestellt. Einen besonderen Reiz bilden die zahlreichen Bühnenwelten, die den Themen der Kunstwerke entsprechend gestaltet sind.
Auf kleinen Bühnen mit raffinierter Ausstattung und ausgefeilter Beleuchtung erwachen die Figuren zu einem ganz eigenen Leben. Gezeigt wird ebenso der Entstehungsprozess einer Figur von der ersten Skizze bis zum fertigen individuellen Kunstwerk. Tägliche Schnitzvorführungen in der Museumswerkstatt mit dem fossilen Werkstoff Mammut-Elfenbein lassen den Besuch zu einem Erlebnis der besonderen Art werden.

Natur- und Wildpark Brudergrund

Ganz in der Nähe von Erbach, liegt in Richtung Mossautal das Erholungsgebiet Wildpark Brudergrund. Natürlich kann die ca. zwei Kilometer lange Strecke auch über einen idyllischen Fußweg erreicht werden. Angekommen, können Naturliebhaber inmitten des von Mischwald umgebenen Tals des Roßbächleins Rotwild, Damwild sowie Wildschweine beobachten und füttern. Sitzbänke laden zum Picknick und Verweilen ein. Die kleine Feuerstelle unterhalb der Teiche kann nach Anmeldung bei der Stadtverwaltung als Grillplatz genutzt werden. Auf Informationstafeln erfahren die Besucher Interessantes zum Thema Forst, Wild, Jagd und den Brudergrund. Drei Hochstände und eine Aussichtsplattform, die weit in das Gehege hineinragt, bieten die Möglichkeit das Wild eingehend zu beobachten. Mitten im Wald, bachabwärts findet man die freigelegten Grundmauern der alten Kapelle „Noth Gottes" aus der Zeit um 1200.
Genießen Sie hier in der Stille des Waldes die Ruhe und Besinnung zur Einkehr.

Blick vom Burgberg auf die Stadt und den Main.

Freudenberg am Main

Touristinformation

Hauptstraße 152

97896 Freudenberg am Main

Tel.: 09375 / 92 00 14

Fax: 09375 / 92 00 50

E-Mail: touristinfo@freudenberg-main.de

www.freudenberg-main.de

Öffnungszeiten:

Mo.-Do. 7.30 -12.15 Uhr

Di. 13.15 - 18 Uhr

Fr. 7.30- 12.45 Uhr

An einem der romantischsten Teile der Nibelungenstraße, umrahmt von den Wäldern des Odenwalds und des Spessarts, liegt das über 700 Jahre alte Städtchen Freudenberg am Main, das seit 1968 staatlich anerkannter Erholungsort ist. Die malerische Altstadt mit ihren Fachwerkhäusern und Gäßchen, die seit 2004 als denkmalgeschützte Gesamtanlage ausgewiesen ist sowie das neu gestaltete Mainvorland laden zum Spaziergang ein.

Besonders zu empfehlen ist der Besuch von Rathaus und Amtshaus sowie der Friedhofskapelle St. Laurentius und der Ruine Freudenberg.

Rathaus
Graf Erasmus von Wertheim ließ 1499 das hübsche Fachwerk-Rathaus erbauen. Noch heute trägt es das Wappen des Grafen (Asmuswappen). Bei einem Gang durch das Rathaus kann der Besucher die Geschichte der Stadt Freudenberg am Main, die von 4500 v.Chr. bis in die heutige moderne Zeit reicht, in Bild und Ton nachvollziehen.

Schmale Straßen führen durch Freudenberg.

Amtshaus
Im Jahre 1627 wurde das Amtshaus im Renaissance-Stil errichtet. Der Bau ist in drei Stockwerke und zwei Dachgeschosse gegliedert, zwischen den Mittelfenstern des oberen Geschosses befindet sich das Wappen des Erbauers, des Würzburger Bischofs Philipp Adolf von Ehrenberg, kunstvoll in Sandstein gehauen. In der Amtshausgalerie finden wechselnde Ausstellun-

gen bekannter Künstler statt. Der erste Stock beherbergt das Schiffsmodellmuseum mit handgefertigten Schiffsmodellen der Mainschifffahrt und unter dem Dach, im Fotomuseum, ist eine sehenswerte Dauerausstellung mit Werken des Fechenbacher Fotografen Robert Schuhmann untergebracht.

Skulptur „Wodan – das Schwert im Baum" an der Nibelungenstraße in Freudenberg.

Friedhofskapelle St. Laurentius

Auf dem Weg zur Friedhofskapelle St. Laurentius, deren älteste Teile von 1149 stammen, stehen entlang der Straße Bildstöcke, sieben Fußfälle aus dem Jahr 1710. Über dem Eingang zum Friedhof befindet sich das Relief des heiligen Laurentius. Es zeigt rechts und links Inschriften, die von der großen Pest (1611) und Erweiterung des Friedhofes (1613) berichten. Das einschiffige, romanische Gebäude stammt aus dem 12. Jahrhundert. Das Innere der Kirche birgt wertvolle Fresken aus der Zeit des 13. Jahrhunderts, die erst 1964 freigelegt wurden.

> Die Besichtigung der Kapelle ist möglich. Interessierte können sich den Schlüssel bei der benachbarten Gärtnerei Schneider bzw. beim Waschcenter Dölger, Hauptstr. 300 geben lassen. Am Wochenende erhalten Sie den Schlüssel im Restaurant „Café Badesee".

Burg Freudenberg

Auf der Höhe über Freudenberg mitten im Wald, wo sich Odenwald und Spessart berühren, liegt die Ruine der Freudenberg. Von dort kann man einen herrlichen Blick über das Maintal bis zum Spessart genießen.

Der Wohnturm der Burg wurde um das Jahr 1200 durch Bischof Heinrich II. von Würzburg erbaut. 1361 folgten unter anderem die Ringmauer und der Pallas. Graf Asmus von Wertheim veranlasste den weiteren Ausbau und die Erweiterung der Burg zu einem imposanten Renaissanceschloss zwischen 1497 und 1499. Nach dem Tod des Grafen wohnen hier bis ca. 1580 die Amtmänner. Während der Fehde zwischen dem Markgrafen Albrecht von Brandenburg mit dem fränkischen Klerus wurde die Anlage teilweise zerstört. Seit 1983 saniert eine Bürgerinitiative die Ruine, die 1986 die Stadt Freudenberg dem Fürstenhaus Löwenstein-Wertheim-Freudenberg abkaufte. Erhalten sind heute der hohe Bering der Oberburg sowie das Burgtor, eine Giebelwand des Pallas, der Bergfried, ein Bollwerk, dass den Hang zur Mainseite abdecken sollte sowie Teile des Zwingers und Tore der Unterburg. Beide Schenkelmauern gehen bis in die Stadtbefestigung über. Alle zwei Jahre dient in ungeraden Jahren im Sommer die Burg als Kulisse für die überregional bekannten Burgschauspiele auf der Freilichtbühne, die vom Burgschauspielverein Freudenberg e.V. veranstaltet werden.

Von der Ruine der Burg Freudenberg hat man eine wunderbare Aussicht.

Großheubach

Touristinformation

Kirchstraße 4

63920 Großheubach

Tel.: 09371 / 65 00 470

Fax: 09371 / 65 00 470

E-Mail: info@info-grossheubach.de

www.info-grossheubach.de

Der staatlich anerkannte Erholungs- und Weinort im reizvollen Maintal gelegen, umrahmt von den Ausläufern des Odenwaldes und Spessarts, erhält seine ganz besondere Atmosphäre durch die Lage am Flussufer sowie die liebevoll erhaltenen alten Fachwerkbauten. In dem geschützten Talkessel siedelten bereits 1.000 v. Chr. Menschen. Um 900 n. Chr. wurde Großheubach erstmals urkundlich erwähnt.

Neben der Gewinnung und Bearbeitung des reichlich vorhandenen Rotsandsteines hat sich vor allem der Weinbau als ein bedeutender Wirtschaftszweig des Ortes über die Jahrhunderte entwickelt. Die Wurzeln des Weinbaus lassen sich urkundlich bis in das Jahr 1254 zurückverfolgen. Hier wächst der „Großheubacher Bischofsberg". Die rund 50 Hektar Rebfläche, die Großheubach harmonisch mit dem über allem thronenden Franziskanerkloster Engelberg mit seiner Wallfahrtskirche St. Michael umgeben, sind vom Fränkischen Rotweinwanderweg und der Bocksbeutelstraße durchzogen.

Historisches Rathaus

Das historische Großheubacher Rathaus wurde Anfang des 17. Jahrhunderts als Sitz des Unteramtmannes für das Amt Prozelten durch den Baumeister Otto Oswald Heppeler, in altfränkischer Fachwerkbauweise, erbaut. Die Bauherren waren: Kurfürst Johann Schweickard, Erzbischof von Mainz sowie Caspar Herr zu Eltz, kurfürstlicher mainzischer Großhofmeister, Rat- und Amtmann zu Prozelten. Das Erdgeschoss diente als Gefängnis.

Abendanz'sches Haus

Das Abendanz'sche Haus, ein um 1600 gebautes Fachwerkhaus, erstrahlt heute wieder in seinem alten Glanz. Während der Jahrhunderte wurden am Gebäude einige Umbauten vorgenommen. Nach der Restaurierung in der Zeit von 1987 bis 1990 wurde das Fachwerk freigelegt und die Originalfassade wiederhergestellt.

Besonders schön ist die Fachwerkkonstruktion im Obergeschoss mit ihrer reichen Ornamentik. Typisch für die Bauzeit sind die aufwendig geschweiften Diagonalbalken, in den die Fenster von einander abteilenden Gefachen der Frontfassade. Im Brüstungsfeld fallen die reich beschnitzten Ziergefache auf, deren Muster zur Mittelachse der Frontfassade symmetrisch angeordnet sind. Besonders beachtenswert ist die aus miteinander gekreuzten, geraden und geschweiften Balken bestehende, flechtwerkartige Konstruktion der Brüstungsgefache des zweiten bzw. vierten Fensters. Neben den Schwellen und Rähmbalken sind auch die Eckständer profiliert und beschnitzt. Die stark stilisierten Gesichtsschnitzereien am nördlichen und westlichen Eckständer, die ursprünglich farbig bemalt waren, sind so genannte Neidköpfe. Sie sollten alles Böse, Neid und Missgunst vornehmlich, abwehren. Das gesamte Fachwerk war schon in der ursprünglichen Fassung mit einer roten Balkenfarbe hervorgehoben. Auffallend ist die Hofeinfahrt, mit ihrem profilierten steinernen Rundbogen. Gut erhalten ist der tonnengewölbte Keller.

Das Abendanz'sche Haus in Großheubach.

Das Haus diente unter anderem Johann Simon Abendanz, einem der zu seiner Zeit bedeutendsten Frankenweinhändler, als Wohnung. Der letzte Abt des Klosters Amorbach, Benedikt Külsheimer, fand hier nach der Säkularisa-

tion für eine Zeit seinen Zufluchtsort, bevor er nach Miltenberg zog. Nach dem Ankauf durch die Stadt im Jahre 1820, wurde das Haus mehr als hundert Jahre als Schulgebäude genutzt.

Kunstvolle Schnitzereien sind an vielen Fachwerkhäusern zu finden.

Heiliger Nepomuk

Auf der Brückenbrüstung des Heubachs, in der Nähe des historischen Rathauses, steht die Statue des heiligen Johannes von Nepomuk, die „infolge eines Gelübdes im Jahre des Heils", so die Sockelinschrift, 1772 errichtet wurde.

Pfarrkirche St. Peter

Die Pfarrei zu Großheubach ist sehr alt. 1609 errichtete man anstelle der Holzkirche eine massive Wehrkirche. Die Mauer, von der noch ein Rest steht, war sechs Meter hoch, einen Meter dick und besaß einen Wehrgang und Zinnen innerhalb der Mauer. Aus dieser ersten Kirche stammt der Taufstein mit der Jahreszahl 1403.

Die erste Kirchenerweiterung durch Anbau der Seitenschiffe erfolgte im Jahre 1738. Das heutige Aussehen erhielt die Pfarrkirche in den Jahren 1895 bis 1897. In jener Zeit wurden das Querschiff, der Chor und der Turm angebaut. Damals brach man die Wehrmauer ab, um die Steine für den Erweiterungsbau der Pfarrkirche nutzen zu können. Ein Unwetter zerstörte am 1. August 1958 den Kirchturm. Dabei fiel der Turmhelm auf das Kirchendach und in den Kirchhof. Stilgerecht wurde er wieder aufgebaut. Den Marienaltar stiftete das Fürstenhaus Löwenstein.

Kloster Engelberg

Auf dem Engelberg, dem südlichsten Ausläufer des Spessarts, liegt schon von weitem sichtbar, die schöne Klosteranlage, deren Wurzeln bis 1300 zurück reichen. Von Großheubach aus führen 612 steinerne Stufen, die so genannten „Engelsstaffeln", hinauf zum Gotteshaus der Franziskaner, das unter der Schirmherrschaft des Erzengels Michael steht. Näheres zum Kloster Engelberg → Tour 3.

Pfaffenbrunnen

Versteckt, mitten im Wald befindet sich der Pfaffenbrunnen, welcher seinen Namen durch die ersten Kapuziner vom Kloster Engelberg, die auch abfällig „Pfaffen" genannt wurden, erhielt. Im Jahre 1651 veranlasste der damalige Landesherr, Bischof Johann Philipp von Schönborn, den Bau einer Wasserleitung zum Kloster. Eine Steinrinne erleichterte nun die Wasserversorgung. Zuvor mussten die Kapuziner das Wasser mit Eimern zum 15 Minuten entfernten Kloster tragen.
Mitte des 18. Jahrhunderts ließ P. Agapitus über der Quelle ein steinern gewölbtes Brunnenhaus errichten. Die Initialen des Bauherrn sowie die Jahreszahl 1755 sind heute noch rechts vom Eingang zu sehen. Die eigentliche Quelle ist mit einer Steinplatte auf der sich ein Kapuzinerkreuz mit der Jahreszahl 1636 befindet, abgedeckt.

Nachdem die damalige steinerne Wasserrinne immer wieder durch Laub und Erde verschmutzte, wurde diese durch gusseiserne Rohre im Jahre 1877 unter der Leitung der Franziskaner ersetzt. Im Jahre 1929 verlor der Pfaffenbrunnen endgültig seine Bedeutung, als das Kloster an das Wasserversorgungssystem von Großheubach angeschlossen wurde.

Kleinheubach

Tourismusgemeinschaft Miltenberg –
Bürgstadt – Kleinheubach

Engelplatz 69

63897 Miltenberg

Tel.: 09571 / 40 41 19

Fax: 09571 / 94 88 944

E-Mail: tourismus@miltenberg.info

www.kleinheubach.info

Kleinheubach zu besuchen lohnt nicht nur wegen des Schlosses und des Schlossparks der Fürsten zu Löwenstein. Der kleine, direkt am Main liegende Marktflecken bietet einige interessante Sehenswürdigkeiten, die es auf einem Rundgang zu entdecken gilt. Ein rühriger Heimat und Geschichtsverein kümmert sich seit einigen Jahren um die geschichtliche Vergangenheit des Markt Kleinheubach, um die Freilegung und Renovierung bedeutender Gebäude und die Verschönerung des Ortbildes, dessen Kleinode eine lange Periode des Dornröschenschlafes hinter sich haben.

Altes Rathaus

Im Jahre 1568 dürfte das erste feste Rathaus erbaut sein. Graf Jörg zu Erbach trat über 15 Jahre lang sein ihm zustehendes „Ohmgeld" an die Gemeinde ab, um die Finanzierung des Rathauses zu ermöglichen. Ein verheerendes Feuer vernichtete am 24. April 1627 das Rathaus und weitere 40 Gebäude in Kleinheubach. Kosaken, die tags zuvor hier lagerten, zündeten den Ort an allen vier Ecken gleichzeitig an. Nahezu 100 Jahre lagen die Reste des Rathauses in Trümmern. Erst im Jahr 1727 wurde das Gebäude mit seinem wunderbaren Fachwerk wieder urkundlich erwähnt. Zum 275. Jahrestag der Erbauung des Alten Rathaus erstrahlt das stattliche Gebäude nach grundlegender Außensanierung wieder in neuem Glanz.

Im Rahmen einer denkmalgerechten Sanierung wurde es freigelegt und von nachträglich errichteten Anbauten befreit. Interessant sind die Hochwassermarkierungen an den der Marktstraße zugewandten Ecksteinen.

Hochwassermarkierungen an den Ecksteinen.

St. Martinskirche

Evang.-Luth. Pfarramt
Marktstr. 40
63924 Kleinheubach
Tel.: 09371 / 42 48
Fax: 09371 / 68 524
E-Mail: pfarramt.kleinheubach@elkb.de
Öffnungszeiten:
Mai bis Oktober: 9 - 18 Uhr | November bis
April auf Anfrage im Pfarramt.

Dem Rathaus gegenüber liegt die barocke St. Martinskirche, die in ihrer heutigen Gestalt zwischen 1706 und 1710 auf den Überresten der alten Kirche von 1455 errichtet wurde. Lediglich der hohe Glockenturm wurde in die Kirche von 1710 miteingebaut, und ist heute der älteste Teil. Die Bauherren waren Graf Philipp-Ludwig von Erbach mit seiner Gemahlin Albertine Elisabeth Fürstin von Waldeck/Pyrmont. Über dem Haupteingang ist das Wappen der Grafen zu Erbach-Erbach zu sehen.

Wann die erste Kirche hier errichtet wurde, lässt sich nicht mehr ermitteln. Von dieser ist nur eine Glocke, die so genannte Taufglocke, erhalten geblieben. Der Form und dem Material nach wurde sie im 11. oder 12. Jahrhundert gegossen.

Bevor man die Kirche betritt, sieht man am Turm die alte Turmuhr von 1707 mit fünf Wappentafeln. Diese zeigen von oben nach unten die Wappen der ehemaligen Landesherren von Kleinheubach: Oben das Wappen der Fürsten von Löwenstein, die Kleinheubach im Jahre 1721 durch Kauf von den Grafen zu Erbach erworben haben. Bis 1816 regierten sie hier als Landesherren und residierten im Kleinheubacher Schloss, bis Kleinheubach mit dem Untermaingebiet 1816 zu Bayern kam. Rechts und links von oben nach unten folgt das Wappen der Grafen von Rieneck mit dem quergestreiften Schild. Sie erhielten von den Pfalzgrafen etwa im 12. Jahrhundert Kleinheubach als Lehen und waren bis 1559 Landesherren in Kleinheubach. Von Philipp dem Älteren, Graf von Rieneck, wurde 1556 in Kleinheubach die Reformation eingeführt. Kleinheubach ist danach über alle Zeiten hinweg, mitten im katholischen Umland, evangelisch geblieben. Die beiden untersten Wappenschilder sind die der Grafen zu Erbach, die nach dem Aussterben der Grafen von Rieneck 1559 durch Erbfolge Kleinheubach übernahmen.

In der Decke des Glockenturmes erkennt man noch die drei Holzrohre, durch welche die Stricke zum Läuten der Glocken geführt wurden. Die Fresken im Glockenturm stammen aus der alten Kirche von 1455. Sie zeigen an der Decke die Symbole der vier Apostel und das Angesicht Christi. Über der Eingangstür zur Kirche sieht man das Haupt Christi auf dem Schweißtuch der Veronika. Links befindet sich ein Fresko des Heiligen Wendelin, dem Schutzpatron der Bauern und an der rechten Wandseite der Heilige Martin, Namenspatron dieser Kirche. Rechts neben der Eingangstür ist ein Stein eingemauert, der aus dem ehemaligen Römerkastell Altstadt stammt und der vermutlich Herkules darstellt.

Der Taufstein aus rotem Sandstein stammt aus dem Jahr 1710. Zusammen mit der Fertigung des Taufsteines wurde in Augsburg die Anfertigung eines Taufgeschirrs in Auftrag gegeben, das noch heute in der Kirchengemeinde in Gebrauch ist, ebenso wie die wertvollen Abendmahlsgeräte. Der Innenraum der Kirche ist entsprechend des damaligen Baustils barock gestaltet. Geprägt wird die Kirche durch die Anlage von Kanzel und Chor mit der

Der schöne Altar aus Nussbaumholz und Blick auf den Eingang der Kirche (oben).

Orgel, die den zentralen Punkt der Kirche bilden. Geschaffen wurde dieses Meisterwerk aus Holz von Meister Eberhard aus Sandbach im Odenwald. Die Einlegearbeiten im Chor aus Nussbaum sind alle noch im Original erhalten und stehen seit 1710 unverändert in voller Pracht. Das Altarbild zeigt die Geburt Christi, ein Motiv, das in anderen Kirchen als Altarbild kaum Verwendung findet. Gekrönt wird der Altar durch die mächtige Barock-Orgel mit reich verzierter Front, die der Kleinheubacher Orgelbauer Johann Christian Dauphin 1710 anfertigte. Rechts vor dem Chor sind in einer Glasvitrine zwei kunstvolle schmiedeeiserne Kronen, „Totenkronen" genannt, zu sehen. Diese wurden bei Aussegnung von Verstorbenen als Sargschmuck auf die Särge gelegt. Die schmalere Krone war die für die Männer bestimmte „Jünglingskrone" und die breitere die „Jungfrauenkrone". Beide Kronen stammen aus dem 15. Jahrhundert. Die in eine Seitenwand am Kirchhof eingelassenen Grabplatten, wurden in den 1960er Jahren bei der Neugestaltungen des Kirchplatzes gefunden.

Hecken

Geht man von der Martinskirche am Rathaus vorbei in das kleine Gässchen, entdeckt man einen neu angelegten Grünzug, der auf die ehemalige Stadtmauer zuführt. Aus Platzgründen wurden im 16. Jahrhundert vor der Stadtmauer von den Einwohnern Haus-

gärten angelegt, mit denen diese sich selbst versorgen konnten. Die schmalen Wege zwischen den Gärten, im rechten Winkel angelegt, nennt der Volkmund „Hecken", was daher rührt, dass statt der heute meist vorhandenen Zäune, früher die Gärten durch Hecken gesäumt wurden. Da die späteren Stadterweiterungen weitgehend um die „Hecken" herum stattfanden, hat Kleinheubach heute die einmalige Situation eines grünen Ortskerns.

Typische „Hecken" in Kleinheubach

Synagoge und Judenbad

Seit Anfang des 14. Jahrhunderts waren Juden in Kleinheubach ansässig. Unter dem Stichwort „Judensteuer" ist in den jeweiligen Gemeinderechnungen festzustellen, dass die Zahl der Kleinheubacher Juden beträchtlich gewesen sein muss. Am 1. Januar 1933 wohnten und lebten 50 jüdische Personen in Kleinheubach. Diese verstarben bis zum Jahre 1942, zogen weg oder wurden deportiert.

Das erste Judenbad (Mikwe) taucht in den verschiedenen Aufzeichnungen und Urkunden unter der Bezeichnung Judentauche auf. In einem Dekret des königlich-bayerischen Bezirksamts Miltenberg wird das Löwensteinische Herrschaftsgericht zu Kleinheubach aufgefordert, einen Bericht über den Zustand dieser Judentauche abzugeben. Die Aussage darüber war so negativ, dass der Kultusgemeinde der Vorschlag unterbreitet wurde, ein neues Judenbad zu bauen. Viel wurde jedoch nicht unternommen. In einem Schreiben vom 27. Dezember 1837 wird berichtet, dass zur Judentauche der Zugang schlecht sei, der Raum kein Licht und keine Heizungsmöglichkeit habe und die sechzehn Stufen, die hinabführen, dem Verfall preisgegeben seien.

Dieses Judenbad lag unter der damaligen Synagoge in der heutigen Gartenstraße, damals Judengasse genannt. Aufgrund des Berichtes forderte das fürstliche Herrschaftsgericht, dass das Judenbad sofort zu schließen sei, da der bauliche und allgemeine Zustand der Gesundheit abträglich wäre. Der damalige Bürgermeister Dauphin meldete am 5. März 1838, dass der Zugang zum Judenbad zugemauert und die Judentauche geschlossen sei. Es waren siebzehn jüdische Haushaltsvorstände, die bereits im März 1838 erklärten, eine neue Mikwe zu bauen. Von Kaspar Strein und Christoph Jäger konnte das Baugelände erworben werden. Bereits am 25. April 1838 genehmigte die Gemeinde den Bauplan und gab ihn über das fürstliche Herrschaftsgericht an das Bezirksamt weiter. Zwei Nachbarn erhoben Widerspruch gegen diese Bebauung wegen angeblich schädigender Einflüsse auf die Nachbargrundstücke. Weitere erhoben Widerspruch wegen der Verunreinigung des sauberen Bachwassers. Alle diese Widersprüche wurden verworfen und abgelehnt.

Nach der Fertigstellung wurde das Badehaus bis zum Jahre 1926 benutzt. 1935 wurde es an Heinrich Jäger verkauft, der es als Abstellhalle und Gartenhaus benutzte. Das Judenbad war völlig in Vergessenheit geraten. 1985 erwarb die Familie Moder das Haus, in deren Besitz es bis zum heutigen Tage ist. Auf Anraten des Landesamtes für Denkmalpflege des Landes Bayern, des Landratsamtes Miltenberg und auch der Marktgemeinde Kleinheubach wurde das Judenbad in den Jahren 1991 und 1992 renoviert und Anfang November 1992 seiner Bestimmung übergeben.

Schloss Löwenstein

Schloss Löwenstein GmbH
Hubertus Prinz zu Löwenstein
Schlosspark 1 | 63924 Kleinheubach
Tel.: 09371 / 949 24 70 | Fax: 09371 / 949 24 71
E-Mail: hubertus@loewenstein.de
www.loewenstein.de

Das restaurierte Portal der alten Synagoge.

Das Schloss der Fürsten zu Löwenstein erstreckt sich mit seinen umfangreichen Parkanlagen von Kleinheubach in südliche Richtung am Main entlang bis nach Miltenberg. Gekauft wurden die Kleinheubacher Besitzungen im Jahre 1721 von Dominic Marquard Fürst zu Löwenstein-Wertheim, der sehr bald den Baumeister Remy de la Fosse, einer der Architekten von Versailles, beauftragte, Pläne für einen Schlossneubau zu entwerfen. Das Schloss war das einzige im französischen Stil erbaute Schloss in Unterfranken. Im Gegensatz zu seinem französischen Pendant wurde es jedoch als Verwaltungsgebäude konzipiert. Üppige, prunkvolle Elemente treten daher – mit Ausnahme des Marmorsaals – eher dezent in Erscheinung. Gegen Ende des Zweiten Weltkrieges wurde das Schloss geplündert und schwer beschädigt.

Die Lage wurde mit Bedacht gewählt. Mitten im Herzen Deutschlands gelegen, bietet Schloss Löwenstein noch heute einen Palast der Ruhe, umgeben von der wunderbaren Kulisse des 170.000 qm großen, malerisch angelegten englischen Parks mit altem Baumbestand.

Seit seiner Erbauung 1732 ist Schloss Löwenstein Sitz der Fürsten zu Löwenstein und dient als Wohnsitz für die Familie, wie auch als Tagungshotel und Eventlocation. Seit 2004 gehören das Schloss mit seinen Nebengebäuden und dem weitläufigen Park zur gemeinnützigen Fürst zu Löwenstein Stiftung, deren Administrator der Fürst selbst ist. Die Aufgabe der Stiftung ist es, das historische Ensemble von Schloss Löwenstein zu erhalten und den Park der Bevölkerung zur Erholung zur Verfügung zu stellen. → Tour 3

Heimatmuseum „Museum im Bahnhof"

Im Heimatmuseum Kleinheubach wird die Volkskunde des Ortes lebendig: Haushaltsartikel und in Kleinheubach hergestellte Gebrauchsgüter wie z.B. ein Küchenherd der Firma Wetzler, Keramikartikel der Firma Scheurich oder Tuche der Firma Klein & Quenzer lassen alte Zeiten aufleben. Eine Besonderheit ist eine der letzten Ketten der legendären „Mee Kuh", ein ehemaliges Transportschiff auf dem Main. Auch Objekte der frühen Besiedlung und der Vor- und Frühgeschichte werden gezeigt. Das älteste Fundstück ist ein Gefäß aus der Urnenfelder Zeit ca. 1.250 v. Chr. mit Grabbeigaben, eine Leihgabe des Fürstenhauses zu Leiningen Amorbach.

Heimatmuseum „Museum im Bahnhof"
Am Alten Bahnhof
63924 Kleinheubach
Das Museum hat keine geregelten Öffnungszeiten. Ansprechpartner: Heimat- und Geschichtsverein Kleinheubach (Willi Olt)
Buchenstraße 2 | 63924 Kleinheubach
Tel.: 09371 / 55 58 oder Gemeinde
Kleinheubach Tel.: 09371 / 97 160

Klingenberg

Touristinformation
Hauptstraße 26 a
63911 Klingenberg am Main
Tel.: 09372 / 92 12 59
Fax: 09372 / 12 354
E-Mail: info@klingenberg-main.de
www.klingenberg.de
Öffnungszeiten:
Mo. - Fr. 9 - 12 Uhr und 14 - 17 Uhr
Sa. (nur Juni bis Oktober) 10 - 12 Uhr

Die Wurzeln von Klingenberg reichen bis in das 12. Jahrhundert zurück. Im Schutz der Clingenburg und ihrer bis ins Tal hinabreichenden Flankenmauern siedelten sich Bedienstete, Handwerker, Winzer und Fischer an. Malerische Fachwerkhäuser aus dem 16. Jahrhundert und romantische Gässchen prägen die heutige Klingenberger Altstadt.

Früher war der Ort von einer Stadtmauer mit drei Stadttoren umgeben. Heute sind noch die Mauern zwischen Burg und Altstadt, der Brunntorturm und ein Mauerabschnitt am Schlosshof erhalten. Die Stadt besteht aus den rechtsmainisch, am Fuße des Spessarts gelegenen Orten Klingenberg und Röllfeld und dem links des Mains gelegenen, an den Odenwald grenzenden Stadtteil Trennfurt.

Markant sind die beiden Weinberge oberhalb des Stadtteils Klingenberg mit ihren alten, terrassenförmigen Steillagen, der Hohberg (Richtung Erlenbach) und der Schlossberg (Richtung Großheubach), an denen der bekannte Klingenberger Rotwein, vorwiegend Spätburgunder und Portugieser, angebaut wird.

In den drei Stadtteilen gibt es insgesamt dreizehn Winzer, darunter das Städtische Weingut. Fast durchgehend finden in Klingenberg, das am Fränkischen Rotwein Wanderweg liegt, traditionelle Häckerwirtschaften statt.

Altes Rathaus
Das wohl schönste Klingenberger Fachwerkhaus ist das Alte Rathaus aus dem Jahre 1561. Ursprünglich befanden sich Erdgeschoss Arkaden, in denen die Markthändler ihre Waren verkauften. Bei einem Umbau 1906 wurden diese jedoch zugemauert. In seiner langen Geschichte diente das Rathaus auch als Kinderverwahranstalt, Postamt sowie als Bank- und Bürogebäude.

Im so genannten Markgräflerkrieg zogen die räuberischen Heere des Markgrafen Albrecht Alkibiades von Brandenburg brandschatzend durch das Maintal. Dabei fiel auch die Stadt Klingenberg der Raublust zum Opfer und wurde vollständig niedergebrannt. Bei Grabarbeiten kann man noch heute Überreste der alten Fundamente

Das alte Rathaus in Klingenberg.

finden, die davon zeugen, dass vor dem Brand die Straßen in der Altstadt noch enger und winkeliger waren.

Kirche St. Pankratius

Die älteste der drei Kirchen ist die Kirche St. Pankratius im Stadtteil Klingenberg, die markant oberhalb der Altstadt steht. Der rein gotische Chorraum und die Sakristei stammen aus dem 15. Jahrhundert, der Kirchturm und das Langschiff wurde 1617 errichtet. Ihren heutigen Grundriss und die spätgotische Ausstattung erhielt die Kirche Ende des 19. Jahrhunderts, wie eine Inschrift am Portal besagt. Rechts und links von dem gotischen Hochaltar sind zwei schöne Grabplatten zu sehen. Die linke mit der Jahreszahl 1575 ist dem Erbauer des Stadtschlosses, Hans Leonhard Kottwitz von Aulenbach, der als Amtmann des Mainzer Erzbischofs die Stadt verwaltete, gewidmet. Auf der rechten Seite befindet sich das Epitaph des Barons Augustin Maximilian von Mairhofen, dessen Familie seit etwa 1700 als Kurmainzische Verwalter in Klingenberg fungierte.

Brunntorturm

Als letztes der ehemals drei Stadttore, ist das südliche, der Brunntorturm mit

Kirche St. Pankratius

Brunntorturm

seinem charakteristischen Zwiebelturm unversehrt geblieben. Der Unterbau stammt wahrscheinlich aus dem 13.
Jahrhundert. Das Obergeschoss wurde
im 16. Jahrhundert errichtet und seinen
Helm erhielt der Turm rund 200 Jahre
später.

Im Innern des Turmes befindet sich
eine Arrestzelle mit Inschriften der
damaligen Inhaftierten. Die Wappen
zeigen das Mainzer Rad und das Em-
blem des Erzbischofs Johann Schweickard von Kronberg, dem Erbauer des
Aschaffenburger Schlosses. Rechts neben dem Turm steht ein altes Fachwerkhaus aus dem Jahre 1590.

Blick über die Weinberge auf Klingenberg.

Stadtschloss

Ebenfalls in der Altstadt liegt das Klingenberger Stadtschloss, ein Renaissancebau von 1560, der von den Mainzischen Amtmännern der Familie Kottwitz von Aulenbach errichtet und bewohnt wurde. Ab 1693 ging der Besitz an die Freiherrn von Mairhofen über.

Zum Schloss gehören der Schlosshof und das Torhaus, beide ebenfalls aus der Renaissancezeit. Über dem Torbau findet man die Jahreszahl 1563, darüber die Zahl 1693 und das Mairhof'sche Wappen.

Das stattliche Stadtschloss von Klingenberg.

Tonbergwerk

Das Tonbergwerk, welches Klingenberg einen sagenhaften Aufschwung bescherte, wird erstmals im Jahre 1567 erwähnt. In einer weiten Mulde befindet sich, eingeschlossen vom Buntsandstein, eine Linse von blauem bis schwarzem Ton, ohne jede Zwischenschichtung, der in Qualität und Reinheit auf der Welt einmalig ist.

Anfangs wurde der Ton im Tagebau gewonnen, heute wird er nur noch untertage abgebaut. Das geförderte Rohmaterial findet Verwendung als hochwertiger feuerfester Bindeton. Auch für die Herstellung von Bleistiften als Beimischung zu Graphit ist er von großer Bedeutung. Ab 1860 übernahm die Stadt den Abbau in eigener Regie, was ihr fünf goldene Jahrzehnte verschaffte. Klingenberg errang mit seinem hochwertigen Ton eine Monopolstellung auf dem Weltmarkt. Durch die wachsende Industrialisierung in den Gründerjahren wurde der Absatz weiter begünstigt.

Mit dem strömenden Geld finanzierten sich die Klingenberger 1866 ein Mainbad, 1879 die elegante Mainbrücke, 1897 ein Elektrizitätswerk und 1898 ein Damenbad. Eine Wasserleitung und ein unterirdisches Stromnetz kamen hinzu. Sämtliche Steuern wurden erlassen und jeder Bürger erhielt von 1891 bis 1906 ein jährliches Bürgergeld zwischen 200 und 400 Goldmark. Der Erste Weltkrieg beendete den Reichtum schlagartig.

Das Tonbergwerk kann über einen schönen Wanderweg erreicht werden, der durch die Wälder und Weinberge von Klingenberg führt.

Weinbau- und Heimatmuseum

Weinbau- und Heimatmuseum
Wilhelmstraße 13a
65911 Klingenberg am Main
Tel.: 09372 / 20 305
E-Mail: museum@klingenberg-main.de
Öffnungszeiten:
1. April - 31. Oktober Mo. - Fr.: 9 - 11 Uhr
Sa., So. und Feiertage: 14 - 17 Uhr

Der Weinbau hat in Klingenberg eine jahrhundertealte Tradition. 1261 werden erstmals Weingärten „auf dem hohen Berge" im Eigentum der Schenken von Clingenburg urkundlich erwähnt. Den ersten Weinbergsnamen

„Mühle" findet man anno 1298 in einem Vertrag zwischen den Edelherren Philipp und Gottfried von Bickenbach auf Clingenburg und dem Kloster Himmeltal. Die Pflege der Reben im Weinberg, die Traubenernte, das Keltern des Lesegutes und der Ausbau des Weines bis zum Abfüllen in die Flasche ist im Erdgeschoss des Museums dargestellt. Eine Gläser- und Flaschensammlung sowie viele Fotos ergänzen die Thematik.

In zwei Schaustollen sind die Abbaumethoden der Tongrube von einst und jetzt dokumentiert. Grafiken und Fotos erläutern die Entstehung des Tonvorkommens und dessen Abbau. Eine Sammlung alter Grubenlampen, Keramik, Uniformen und Dokumente vermitteln wissenswertes über das Bergwerk. Die Bleistiftsammlung erinnert daran, dass in jeder Bleistiftmine ein winziges Quentchen Klingenberger Ton enthalten ist.

Ein Raum im Erdgeschoss beherbergt die komplette Röllfelder Dorfschmiede mit Esse, Blasebalg, Ambos, zahlreichen Maschinen und Werkzeugen. Küferei und Wagnerei sind im anschließenden Keller zusammengefasst. Beide Handwerkszweige waren für den Winzer unentbehrlich. Hier sind vor allem die Gerätschaften zur Herstellung von Weinfässern wie Fügeblock, Daubenschablone und Spundhobel interessant. Schnitz- und Hobelbank sowie alte Schreinerwerkzeuge vervollständigen den Raum.

Sankt Urban, der Heilige des Weines und der Winzer.

Neben der Steinhauerei waren Schifffahrt und Fischerei wichtige Erwerbszweige der Klingenberger. Modelle alter Mainschiffe werden ebenfalls im Museum gezeigt.
Das dritte Stockwerk ist dem Leben der Frau um die Jahrhundertwende vom 19. zum 20. Jahrhundert gewidmet. Hinzugekommen ist die „Religiöse Nische" mit Heiligenfiguren und -bildern und drei Vitrinen mit kirchlicher Kleinkunst, die zum Teil aus der Kapelle des Schlosses Mairhofen entstammen.

Clingenburg

Oberhalb der Klingenberger Altstadt und des Weinbergs liegt auf einem Bergsporn über dem Maintal die mittelalterliche Clingenburg. Diese ließ Conradus Colbo, Mundschenk Kaiser Friedrich Barbarossas, 1170 errichten. Ab 1177 residierten hier die Herren von Clingenburg. Durch Heirat des Minnesängers Conrad von Bickenbach mit der Witwe des letzten Schenken von Clingenburg lebten ab 1256 bis Mitte des 16. Jahrhunderts die Bickenbacher auf der Burg. 1483 fiel die Anlage nach langjährigen Streitereien an das Erzbistum Mainz und verblieb dort bis 1803.

Der kurmainzische Amtmann wohnte bis Ende des 16. Jahrhunderts in der Burg. Mit der Erfindung des Schießpulvers und mauerbrechender Waffen wurde sie jedoch als Verteidigungsanlage wertlos. Man errichtete in der Stadt selbst ein Schloss, die Burg verfiel im Lauf der Jahrhunderte. 1871 erwarb die Stadt die Burgruine und erschloss diese touristisch. Heute hat man vom Restaurant und der Aussichtsplattform einen guten Blick auf die Altstadt und das Maintal.

Seit 1994 finden auf der Clingenburg die renommierten Clingenburg-Festspiele statt, die mit wechselnden Schauspielstücken und Musicals überregional jedes Jahr viele Besucher anziehen. 287 Stufen führen die Besucher auf dem Fußweg nach oben.

Clingenburg-Festspiele
von Mitte Juni bis Anfang August finden Theateraufführungen unter freiem Himmel statt.
Kartenvorverkauf:
Touristinformation
Tel.: 09372 / 92 12 59 | Fax: 09372 / 12 554
E-Mail: info@clingenburg-festspiele.de

Michelstadt

Touristinformation

Einhardspforte 3 / Hulster Straße 2

64720 Michelstadt

Tel.: 06061 / 70 61 39 oder 97 99 98

Fax: 06061 / 70 59 82

E-Mail: odenwaldmuseum@michelstadt.de

www.michelstadt.de

Öffnungszeiten:

Mo. - So. 10 - 17 Uhr

Die malerische Stadt im Herzen des Odenwaldes mit einem der schönsten Rathäuser Deutschlands zählt zu den ältesten Siedlungen in der Region. Seine Burg ist aus einem fränkischen Gutshof hervorgegangen. Als fränkisches Königsgut schenkte es im Jahre 741 Fürst Karlmann (der Onkel Karls des Großen) dem Bonifatiusschüler Burkard, dem ersten Bischof von Würzburg. Im 17. Jahrhundert wurden die ersten Häuser außerhalb der schützenden Mauern errichtet. Die Fertigstellung der Odenwaldbahn 1870 brachte für Michelstadt einen starken wirtschaftlichen Aufschwung. Zahlreiche Sehenswürdigkeiten in der Stadt und in der näheren Umgebung, Museen und etliche Freizeiteinrichtungen machen Michelstadt zu einem äußerst lohnenswerten Reiseziel.

Historisches Rathaus

Im mittelalterlichen Stadtkern befindet sich eines der schönsten und originellsten Rathäuser Deutschlands und Mitteleuropas. Der spätgotische Bau wurde 1484 von einem unbekannten Baumeister errichtet, dessen Name und Herkunft bis heute nicht gelüftet werden konnten.

Die Enge der umgebenden Straßen und Gassen bedingte den trapezförmigen Grundriss und zwang den Baumeister zu einer ungewöhnlichen Lösung. Der eigentliche Bau ruht auf wuchtigen, schweren Eichenposten. Zum Marktplatz hin zeigt sich die repräsentative Front mit zwei Erkertürmchen und einem abgekanteten Giebel. Das nach drei Seiten hin offene Untergeschoss wurde als Markt- und Gerichtshalle genutzt. In der Halle hängt noch die alte Stadtwaage. Ebenso findet sich hier eine Tuchpresse mit einer dicken Spindel aus dem 16. Jahrhundert. In einem mächtigen Eichenposten an der Nordseite ist eine eiserne Elle eingelassen. Hier wurden früher die im Gebrauch befindlichen Maßstäbe geeicht und jedermann konnte die auf dem Markt gekaufte Tuchware nachmessen. Festliche Veranstaltungen der Bürgerschaft finden seit Jahrhunderten in dem darüber gelegenen Ratssaal statt. Der hohe Dachraum mit zwei übereinanderliegenden Dachböden diente zur Einlagerung der Zehnte für die Gemeinde. Die am Giebel zum Marktplatz hin angebrachte Uhr stammt von dem 1838 abgerissenen Unteren Tor der Stadtbefestigung. In den mittleren

Ständer der Nordtraufe ist das Erbauungsjahr 1484 eingeschnitten.

Vor dem Rathaus befindet sich der im Renaissance-Stil erbaute Marktbrunnen, der 1575 von Graf Georg II. zu Erbach gestiftet wurde. Der mit Schmiedeeisen verzierte, mit Löwenköpfen und Ornamenten behauene hohe Sandsteinblock zeigt im oberen Teil das Michelstädter Wappen. Die krönende Figur stellt den Erzengel Michael mit der Seelenwaage dar, wohl als Sinnbild der Gerechtigkeit oder als Anspielung auf den Namen der Stadt.

Kellerei und Diebsturm / Odenwald- und Spielzeugmuseum / Museumsmühle

Odenwald- und Spielzeugmuseum

Speicherbau der Kellerei

64720 Michelstadt

Tel.: 06061 / 70 61 39 oder 74 133

Öffnungszeiten:

Mo. - So. 10 - 17 Uhr

Die Kellerei ist eine im frühen Renaissance-Stil überbaute, frühmittelalterliche Burganlage, die in den Stadtmauer-Ring um Michelstadt integriert ist. Sie gilt als Keimzelle des heutigen Michelstadt. Wahrscheinlich befand sich hier der Edelhof des fränkischen Königsgutes, das im Jahr 741 erwähnt ist. 840 übernahm das Reichskloster Lorsch die Anlage. Die Burg selbst ist eine Überbauung eines römischen Siedlungs- und Handelsplatzes am

Wappen am Rathaus von Michelstadt.

Kreuzungspunkt zweier römischer Straßen zur Versorgung der Odenwälder und Mainischen Limes-Kastelle. Als Zeugnis dafür gilt das im benachbarten Diebsturm eingemauerte Merkur-Relief.

Anstelle eines Maierhofes errichteten die Schenken zu Erbach als Vögte der Lorscher Propstei Steinbach im 12. oder 13. Jahrhundert eine Burganlage im Bereich der heutigen Kellerei. Auseinandersetzungen zwischen Kurpfalz und Kurmainz um das Lorscher Erbe führten 1307 zur Zerstörung von Burg und Stadt durch Bayernherzog Pfalzgraf Rudolf. Unter Pfälzer Lehnshoheit erfolgte der Wiederaufbau. Dabei wurden sowohl die Burg als auch der

Diebsturm in die Verteidigungsanlage einbezogen. Die Entstehungszeit der heutigen Gebäudegruppe ist durch die eingemeißelten Jahreszahlen 1506, 1517, 1620 gekennzeichnet. Im Jahre 1390 beschlossen die Grafen, um Stadt und Kellerei eine Ringmauer mit Toren, Türmen, vorgelagertem Wall und doppeltem Graben zu legen. Noch heute ist der kreisförmige Verlauf der Wehrmauer zu erkennen. Dagegen wurden das Obere und das Untere Stadttor 1810 und 1838 abgebrochen. Die heutige Kellerei bildet eine Dreiseitanlage, an deren Ost- und Südseite man den tiefen Doppelgraben noch sieht. Der Innenhof wird im Süden durch den langgestreckten Hauptbau begrenzt. Das Untergeschoss des mittleren Teils stammt aus dem 14. Jahrhundert, die Fachwerkobergeschosse aus dem 16. Jahrhundert. Seitlich sind zwei weitere Trakte des 17. bzw. 18. Jahrhunderts angefügt. Die Stirnseite im Westen schließt mit dem 1517 errichteten Zehntspeicher, dem heutigen Odenwaldmuseum, ab. Eine zweiläufige Freitreppe zeigt das Allianzwappen Erbach/Pfalz von 1539. An der nördlichen Flanke steht das so genannte Amtshaus von 1549 und 1621. Der Diebsturm diente jahrhundertelang als Gefängnis. 1798 wurde die alte Dachhaube abgenommen. Seit 1972 existiert eine neue Haube mit einem Turmzimmer.

In dem ehemaligen Speicherbau ist das Odenwald- und Spielzeugmuseum untergebracht. Auf vier Etagen kann man eine Reise durch die Vergangenheit des Odenwaldes erleben. Die Ausstellungsstücke reichen zurück bis in die Zeit der ersten Besiedlung des Odenwaldes durch die Kelten. Im Spielzeugmuseum werden Puppen, Puppenhäuser, Kauf- und Spielzeugläden, Blech- und Holzspielzeug aus frührern Zeiten präsentiert. Im Untergeschoss des Amtshauses befinden sich zwei Bildhauerateliers sowie das zum Odenwaldmuseum gehörende Lapidarium, in dem steinerne Zeugen der Vergangenheit aus der näheren Umgebung ausgestellt sind. Im Südflügel neben dem gotischen Torbogen des Torhauses befindet sich eine Kunstdrechslerei.

Ein technisches und kulturgeschichtliches Kleinod ist die historische Mühle aus dem Jahre 1420, die bis 1956

Diebsturm

in der Gemeinde Nieder-Kainsbach als Getreidemühle in Betrieb war. Sie wurde 1981 abgerissen und in zwölfjähriger Arbeit in der Remise der Kellerei wieder betriebsfähig eingebaut.

Stadtkirche

In der Michelstädter Schenkungsurkunde aus dem Jahr 815 wird eine in der Mitte des Ortes gelegene, hölzerne Kirche erwähnt. Wahrscheinlich stammte diese aus den ersten Jahren der Christianisierung im Odenwald. Einhard ersetzte diese Kirche durch einen Steinbau, der im Jahre 821 geweiht wurde. Die Steinkirche wurde mehrmals erweitert, bevor 1490 die heutige spätgotische Stadtkirche an ihre Stelle trat, die direkt neben dem historischen Rathaus steht. Der Kirchturm wurde 1537 beendet. An einem Strebepfeiler des Chores ist zu lesen, dass Schenk Adolarius zu Erbach anno Domino 1461 den ersten Stein legte. In alter gotischer Schreibweise sind am Treppenturm der Westseite die Jahreszahl 1475 und an der Südseite 1507, jeweils in Verbindung mit einer Inschrift, die über den Fortgang der Bauarbeiten berichtet, zu sehen. An der Westfront ist die Jahreszahl 1490 gleich dreimal eingemeißelt. Die Jahreszahl 1543 steht am Schlussstein des Chores, der ein wunderbares Sterngewölbe besitzt. Die Nordwand des Vorchors stammt noch aus karolingischer Zeit. Im Innern der Kirche sind zahlreiche Grabsteine aus Sandstein und aufwendige Renaissance-Wandgräber aus Alabaster zu beachten.

Das stilvollste und künstlerisch wertvollste Grabmal steht rechts am Chorbogen. Es wurde von Hans Eseler von Amorbach geschaffen und ist den Erbauern der Kirche, den Schenken Philipp I. (gest. 1461) und Georg I. zu Erbach (gest. 1481) gewidmet. Die ehemalige Kapelle an der Nordseite des Chores dient seit 1678 als Familiengruft der Grafen zu Erbach.

Bis in die 1970er Jahre beherbergte die Stadtkirche in ihrem Glockenturm eine der wertvollsten Bibliotheken Deutschlands, die über tausend Bände umfassende Bibliothek des aus Michelstadt stammenden Speyrer Domherren Nicolaus Matz, die dieser seiner Vaterstadt und ihren Bürgern zu Ende des 14. Jahrhunderts vererbte. Mittlerweile

Westfassade der Stadtkirche

ist die Bibliothek in einem eigens dafür umgebauten Lagerhaus der Michelstädter Poststation derer von Thurn und Taxis untergebracht.

Das Glockenspiel auf dem Dach der Stadtkirche stiftete der Gerbermeister Georg Friedrich Braun, der 1830 in Michelstadt geboren wurde und in die USA auswanderte. Im Jahre 1912 stiftete er aus ehemaliger Verbundenheit 25.000 Mark zum Bau eines Glockenspiels, das im Jahre 1913 als erstes dreistimmiges Glockenspiel Deutschlands eingeweiht werden konnte. Leider mussten die Glocken im zweiten Weltkrieg abgeliefert werden. Den zahlreichen kleinen und großen Spenden Michelstädter Bürger ist es zu verdanken, dass wieder neue Glocken angeschafft werden konnten. Seit Weihnachten 1958 lassen sie viermal täglich um 7.30, 11.30, 15.30 und um 19.30 Uhr ihre geistlichen und weltlichen Melodien erklingen.

Einhards-Basilika

Im Stadtteil Steinbach befindet sich die zwischen 824 und 827 errichtete Einhards-Basilika, die Kirche des 1535 aufgelösten Klosters. Sie gilt, wegen des noch zum Großteil erhaltenen karolingischen Mauerwerks im Bereich des Mittelschiffs, des nördlichen Nebenchors und der Krypta, als eines von wenigen in weiten Teilen erhalten gebliebenen karolingischen Bauwerken überhaupt. Sie wurde als dreischiffige Basilika gebaut. Der Hauptchor ist von einem nördlichen und südlichen Nebenchor flankiert. Vor dem Hauptchor grenzte diesen eine Chorschranke vom übrigen Mittelschiff ab, die nicht mehr erhalten ist. Die Apsiden sind gerundet und enthalten Rundbogenfenster. Vor dem Hauptschiff befand sich ein Atrium und jeweils nördlich und südlich vor den Seitenschiffen ein weiterer Vorraum. Das Mauerwerk folgt römischer Art und besteht zumeist aus rotem Sandstein. Unter der Kirche befindet sich eine kreuzförmige Gangkrypta.

Als Anerkennung für seine großen Verdienste als Vertrauter am Hofe Karls des Großen erhielt Einhard, der Erbauer der Basilika, den Hauptort und alles Land im Umkreis von 2 Leugen von Karls Sohn, Ludwig dem Frommen, als freies Eigentum. Im Jahre 819 vererbte er seinen Odenwälder Besitz dem Kloster Lorsch. Mit Einhards Tod am 14. März 840 trat das Kloster dessen Erbe an.

Um Anmeldung wird gebeten, Schlossstrasse 17, Tel.: 06061 / 96 77 07. Buchungen von Führungen sind über die Touristinformation möglich: Tel.: 06061 / 97 99 98

Die Steinbacher Basilika wurde mehrfach umgebaut, erweitert und umgewidmet, sie diente als Hospital und ab dem 17. Jahrhundert als Scheune. Nach der Wiederentdeckung als karolingisches Bauwerk 1873, begann die Erforschung und Sicherung der noch intakten Teile der Basilika. Die Einhards-Basilika war bis 1967 im Besitz der Grafen zu Erbach-Fürstenau. Heute ist das Gelände Eigentum des Landes Hessen.

Schloss Erbach-Fürstenau

Ebenfalls in Steinbach liegt das Schloss der Grafen zu Erbach-Fürstenau. Diese wurde Mitte des 13. Jahrhunderts vom Erzstift Mainz zum Schutz seiner Besitzungen als Wasserburg gebaut und wird bis heute von den Grafen zu Erbach-Fürstenau bewohnt. Im Jahre 1355 verkaufte Kurmainz das Schloss an die Erbacher Schenken, die zu jener Zeit ihre Vormachtstellung im Odenwald immer mehr ausbauten. Das gesamte Gebäudensemble vereinigt verschiedener Baustile: von Resten der alten kurmainzischen Grenzfestung und Wasserburg (um 1300) auf der Nordseite, über die gotischen Arbeiten der Steinmetze, die vom Straßburger Münsterbauhof nach Steinbach kamen, bis hin zum Renaissance-Stil des gigantischen Torbogens zwischen den beiden westlichen Ecktürmen der Wasserburg. Graf Georg II. (1548-1605) ließ 1588 den Schmuckbogen bauen, welcher das ursprüngliche Tor mit Zugbrücke ersetzte und den finsteren und feuchten Burghof zum Burggarten hin öffnete. Von der alten Burg sind die beiden nördlichen Türme noch erhalten. Die beiden südlichen wurden 1532 durch den „Roten Turm" und den Uhrturm ersetzt. Abgerundet wird das Ensemble durch die Renaissance-Schlossmühle, eine ehemalige Münzprägestätte (heute eigenes Laufwasserkraftwerk), das zierliche

Das Westportal der Einhards-Basilika.

barocke Kavaliershaus an der Mümling, den westlich an die Wasserburg angrenzenden klassizistischen Wohntrakt „Neues Palais" (1810/11) und die spätbarocke Orangerie im Schlosspark, der ganz modern im englischen Stil gestaltet wurde. Im Obergeschoss der Orangerie war das kleine Schlosstheater untergebracht. Eine äußere Besichtigung des Schlosses ist tagsüber möglich.

Ehemalige Synagoge / Landesrabbiner Dr. I.E. Lichtigfeld-Museum

Die 1791 erbaute Synagoge befindet sich in der Mauerstraße. Hier wirkte von 1822 bis 1847 Seckel Löb Wormser, der Wundermann („Baal-Schem") von Michelstadt. Bevor er als Rabbiner ar-

Das Schloss der Grafen zu Erbach-Erbach Fürstenau mit seinem Schmucktorbogen.

beiten durfte, gründete er eine Talmud-schule, die weltbekannt wurde und in der er um 1800 bis zu 70 Schüler unter-richtete. 1864 lebten 192 jüdische Ein-wohner in Michelstadt. Die Inneneinrichtung der Synagoge wurde 1938 zer-stört, das Bauwerk selbst blieb unversehrt.

Lange Zeit diente sie als Schuppen bevor das ehemalige Kultgebäude wiederhergestellt und darin 1979 das Landesrabbiner Dr. I.E. Lichtigfeld-Mu-seum jüdischer Kultgegenstände unter-gebracht wurde. Die Sammlung von Archivalien und Fotoreproduktionen verschafft einen Einblick in das reli-giöse, soziale und politische Leben der Odenwälder Juden in den vergangenen Jahrhunderten.

Inzwischen gibt es in Michelstadt wieder eine jüdische Gemeinde und durch die großzügige Spende einer Thorarolle von dem Landesrabbiner von Sachsen, Dr. Salomon Almekias-Siegl konnte die Einbringung am 25. Februar 2005 feierlich begangen werden.

Synagoge - Dr. I. E. Lichtigfeld-Museum
Mauerstraße 19 | 64720 Michelstadt
Tel.: 06061 / 74 133
Öffnungszeiten:
So. - Do. 14.30 - 17.30 Uhr
Geöffnet 2 Wochen vor Ostern - Ende Oktober, von November - März zeitweise geöffnet.
Fr., Sa. und an den jüdischen Feiertagen geschlossen. Oder nach Vereinbarung:
Annemarie Volkmer, Tel.: 06061 / 92 21 02

Miltenberg

Tourist-Information Miltenberg
Engelplatz 69
63897 Miltenberg am Main
Tel.: 09371 / 40 41 19
Fax: 09371 / 94 88 944
E-Mail: tourismus@miltenberg.info
www.miltenberg.info
Öffnungszeiten:
Mo. - Fr. 9 - 17 Uhr
Sa. 10 - 13 Uhr (Mai bis Oktober)

Das romantische Miltenberg liegt auf einem schmalen Streifen idyllisch am Maindurchbruch zwischen Spessart und Odenwald. Besucher finden sich in einer Stadt wieder, in der das Mittelalter in den engen, verwinkelten Gassen noch erlebbar ist. Die jahrhundertealte Architektur ist fast vollständig erhalten geblieben und macht Miltenberg zu einem der reizvollsten altfränkischen Städtchen zwischen Spessart und Odenwald.

Bereits um 155 n. Chr. schlossen hier die Römer den „vorderen Limes" an den Main an. In der Nähe des heutigen Miltenberg stieß die Linie auf den Fluss, der ab hier weiter nordwärts die natürliche Grenze des Römischen Reiches nach Germanien hin darstellte.

Noch heute sind die Überreste eines römischen Kastells zwischen Miltenberg und Kleinheubach (Altstadtkastell) zu sehen.

Im Schutz der Mildenburg (erbaut um 1200) entwickelte sich die mittelalterliche Stadt mit ihren wunderschönen Fachwerkbauten. Die günstige Lage an der Handelsstraße zwischen Nürnberg und Frankfurt sowie die Ausstattung mit Privilegien wie Messe-, Münz- und Stapelrecht ermöglichten dem 1237 zur Stadt erhobenen Miltenberg eine blühende Entwicklung. Etwa ab 1379 begrenzten die beiden Stadttürme, das Mainzer und das Würzburger Tor, den zwischen Fluss und Berghang eng und lang gestreckt gewachsenen Altstadtbereich nach Westen und Osten. Bis 1803 gehörte Miltenberg zu Kurmainz. Dies manifestiert sich bis heute im Mainzer Rad im Stadtwappen. Nach dem Reichsdeputationshauptschluss kam Miltenberg zum Fürstentum Leiningen, mit dem es 1806 dem Großherzogtum Baden einverleibt wurde. Nachdem die Stadt ab 1810 zum Großherzogtum Hessen-Darmstadt gehörte, wurde sie schließlich 1816 Teil Bayerns.

Marktplatz

Der dreieckige, leicht ansteigende Marktplatz ist das Kleinod der Stadt. Inmitten des Marktplatzes, der von mehreren schmucken, spitzgiebeligen Fachwerkhäusern umrahmt wird, steht der Marktbrunnen – eines der schönsten Renaissancedenkmäler der Stadt. Im Jahre 1583 schuf ihn der Miltenberger Bildhauer Michael Junker aus rotem Sandstein. Aus dem achteckigen Brunnenbecken mit Kandelabersäulchen und Hermengrotesken erhebt sich eine schlanke Säule, die von tanzenden Putten umringt von der Statue der Gerechtigkeit gekrönt wird. Am Schild der Justizia ist das Wappen des Erzbischofs Wolfgang von Dahlberg (1582-1601) angebracht.

Zahlreiche Sehenswürdigkeiten umrahmen den Marktplatz. Besonders sehenswert ist das Weinhaus am Alten Markt, das früher Gackstättisches oder auch Centgrafenhaus genannt wurde, weil im Dreißigjährigen Krieg der Centgraf Leonard Gackstatt der Besitzer des Hauses war. Die alte Mainzer Amtskellerei, die heute als Stadtmuseum dient, der Schnatterlochturm und der Renaissancetorbogen, der den Aufgang zur Burg eröffnet, komplettieren den Reigen.

Denkmal für Joseph Martin Kraus.

Der Marktplatz in Miltenberg mit dem Rokokohaus.

Rokokohaus am Marktplatz

Das Rokokohaus am Marktplatz ist das Geburtshaus des Komponisten und königlich-schwedischen Hofkapellmeisters Joseph Martin Kraus [→ Buchen]. Es wurde 1750 aus rotem Sandstein erbaut. Direkt davor befindet sich das zum 250. Geburtstag vom Fremdenverkehrsverein Miltenberg gestiftete Denkmal für den Musiker.

Altes Rathaus

Im Jahre 1379 wird das Sandsteingebäude erstmals als Stadtwaage erwähnt. Es diente zudem als Lager- und Markthaus, in welchem die Ware der Kaufleute drei Tage zum Kauf angeboten werden musste (Stapelrecht). Durch einen gotischen Torbogen betritt man das Gebäude, das im 18. und 19. Jahrhundert mehrmalige Umbauten erfuhr.

In den Jahren 1979 bis 1983 wurde das Gebäude saniert und wird heute für Veranstaltungen genutzt.

Altstadt-Markt

Altstadt-Markt
Hauptstraße 129 - 133
63897 Miltenberg
Tel.: 09371 / 66 08 30 | Fax: 09371 / 79 87
E-Mail: info@parkhof-altstadt-markt.de
www.parkhof-altstadt-markt.de

Auf der Hauptstraße, neben dem alten Rathaus, ist in drei liebevoll restaurierten Häusern der Altstadt-Markt untergebracht. Hier werden verschiedene Produkte aus der Region, vor allem aus den eigenen Naturland-Äckern und -Gärten des dazu gehörenden, in den

Das Altstadt-Markt Kaffeehaus.

231

Uferauen des Mains beheimateten Park-hofes angeboten sowie von befreundeten Unternehmen aus der Toskana und aus einigen anderen Regionen der Welt. Darüber hinaus bietet der Altstadt-Markt schöne Sachen zum Dekorieren, Sammeln und Verschenken und eine Zuckerbäckerei, deren Köstlichkeiten man bei einer Tasse Kaffee oder Makalbari Tee im angeschlossenen Kaffeehaus genießen kann. Die Marktschenke bietet eine marktkonforme Frischeküche, zu der neben den passenden Weinen auch ein erfrischendes Traditionsbier der Miltenberger Kalt-Loch-Brauerei angeboten wird. Von der großen Dachterrasse gelangt man in einen zur mittelalterlichen Stadtmauer steil ansteigenden Garten, an dessen oberen Ende eine große Steinbank steht, von der aus man einen zauberhaften Blick über die Dächer des mittelalterlichen Miltenberg ins Maintal hinein genießen kann.

Laurentius-Kapelle

Von Westen kommend, empfängt einen vor dem Mainzer Tor hangseitig der Laurentius-Friedhof mit der historischen Laurentiuskapelle. Der Chor des schon 1380, in einer „Jahrtagsstiftung" des Aschaffenburger Kanonikers Berthold Forstmeister von Gelnhausen, erwähnten Kirchleins wurde 1456 erbaut, das Langhaus 1594 erweitert. Beachtenswert sind neben dem kostbaren spätgotischen Flügelaltar, die Statue

Von der alten Steinbank oberhalb des Altstadt-Marktes hat man einen wunderbaren Blick auf Miltenberg.

„Maria mit dem Kind" aus dem Jahre 1470 sowie die Steinfigur des heiligen Laurentius, die in ihrer ursprünglichen Fassung um 1456 geschaffen wurde. Die Fresken im Chor stammen aus dem Jahre 1456 und wurden erst 1913 wieder freigelegt. Der Friedhof, der die Kapelle umgibt, dokumentiert in seinen Grabdenkmälern das hohe Niveau der Steinmetzkunst des ausgehenden 16. Jahrhunderts und spiegelt die Geschichte von damals bis zum Ende des 19. Jahrhunderts wider.

> Besichtigung der Kapelle möglich.
> Katholischen Pfarramt, Tel.: 09371 / 25 30

Mainzer Tor

Am Westrand der Altstadt steht das spätmittelalterliche Mainzer Tor oder auch der Spitze Turm genannt. Dieses wurde 1379 erstmals als äußerster westlicher Begrenzungspunkt erwähnt. Das Wappen des Erzbischofs Johann von Nassau an der Turmseite über der Tordurchfahrt erinnert an die um 1400 vorgenommenen Umbauten.

Würzburger Tor

Zur ehemaligen Stadtbefestigung zählt ebenfalls das Würzburger Tor. Es findet im gleichen Jahr wie das Mainzer Tor seine erstmalige Erwähnung und diente als äußere Stadtbegrenzung für die Vorstadt auf der Cent. Das Gebiet zwischen Torturm und Engelplatz stand unter der Gerichtsbarkeit des Cent-

grafen, der in Bürgstadt seinen Sitz hatte. Am Ostrand der Altstadt gelegen, trug er ursprünglich eine Geschützplattform mit Zinnenkranz, da diese Stadtseite am meisten gefährdet war. Allerdings wurde der Turm schon zu Beginn des 15. Jahrhunderts überdacht. In den Hakensteinen außen und innen liefen die Fallgatter auf und nieder.

Mainzer Tor

Zuckmantelturm

Der Zuckmantelturm wurde im Jahr 1351 erbaut. Er befindet sich unweit des Würzburger Tors, seine Lage und die bauliche Gestaltung weisen ihn als wehrhaften Eckpfeiler der südöstlichen Stadtbegrenzung aus.

Schwertferger Tor

Das Schwertferger Tor bildete den Abschluss der inneren Westvorstadt, die vom Stumpfturm bei der heutigen Stadtbücherei bis hierher reichte. Die Benennung des Turmes geht auf einen hier wohnenden Waffenschmied zurück.

Ehemaliges Oberamt

Der dreigeschossige Bau war ursprünglich ein adeliger Hof, der in seiner heutigen Form durch einen Herrn von Fechenbach um 1679 erbaut wurde. Hier stand als westlicher Abschluss des ersten Stadtrings der Stumpfturm, der nach einer „Wacht- und Feuerordnung" ständig mit zwei Mann besetzt war.

Gasthaus Zum Riesen

Gasthaus Zum Riesen
Hauptstraße 219
65897 Miltenberg
Tel.: 09371 / 98 99 48 | Fax: 09371 / 98 94 50
E-Mail: info@riesen-miltenberg.de
www.riesen-miltenberg.de
Öffnungszeiten:
Mo. - Mi. 11 - 24 Uhr | Do. - Sa. 11 - 1 Uhr
So. 11 - 25 Uhr

Würzburger Tor

Das unter Denkmalschutz stehende Gasthaus Zum Riesen ist nach eigenen Angaben es eines der ältesten Gasthäuser Deutschlands. Die erste urkundliche Erwähnung stammt aus dem Jahr 1158. Sie kann sich jedoch nicht auf den jetzigen stattlichen Fachwerkbau im Stil der Hochrenaissance beziehen. In seiner heutigen Form wurde das Haus 1590 vom Baumeister Jacob Stoer erbaut. Hundert Eichenstämme aus dem Stadtwald wurden dafür bewilligt um das fünf Stockwerke hohe Gebäude zu errichten. Die erste urkundliche Erwähnung eines Wirtes „Trestram zum Riesen" stammt aus dem Jahr 1411.

Über die Jahrhunderte war es Trinkstube des Adels und der Könige. Kurfürsten, geistliche und weltliche Herren fanden hier Aufnahme, so dass es zu Recht den Namen „Fürstenherberge" führt. Kaiser Barbarossa (1158), König Ludwig der Bayer (1314), Kaiser Karl IV. (im Februar 1368), Kaiser Friedrich III. (1442) und Kaiserin Maria Theresia waren hier zu Besuch. Der Legende

Am Jakobsweg

Der Name der Jakobuskirche weist darauf hin, dass diese wie das Städtchen Miltenberg, einmal an einem der Zubringerstrecken zum Jakobsweg lag. Seit einigen Jahren trägt dieser Tatsache auch eine Gedenksäule vor der Kirche Rechnung, die einen „Im Aufbruch" begriffenen Jakobspilger aus Bronze trägt. Auf dem Schaft der Säule ist das Zeichen der Jakobspilger, die Jakobsmuschel, ausgeformt. Ein Richtungspfeil weist den Weg zum Ziel: Santiago de Compostella in 2.577 km Entfernung.

nach hat Luther im Riesen den Grafen Erbach zur neuen Lehre bekehrt.

Während des Dreißigjährigen Krieges nächtigten im Riesen die Heerführer Tilly, Gustav Adolf, Pappenheim, Piccolomini und Wallenstein. Im 20. Jahrhundert verweilten hier unter anderem Richard Strauss, Theodor Heuss, Hans Albers, Heinz Rühmann und Elvis Presley. Aktuell wird der Riesen von der Faust-Brauerei bewirtschaftet. Im Gasthaus ist ein Bier namens Riesen-Spezial erhältlich, welches nur hier ausgeschenkt und nur zu diesem Zweck gebraut wird. Angegliedert ist das „Hotel Zum Riesen".

Stadtpfarrkirche St. Jakobus

Klassizistische Züge bestimmen die bauliche Charakteristik der Stadtpfarrkirche, insbesondere die um 1830 errichteten Türme. Wohl bestand seit der Stadtgründung eine Kirche, die jedoch mehrfach umgebaut und erweitert wurde. So weisen die starken Säulen des Mittelschiffes auf das 14. Jahrhundert zurück. Das Innere der Kirche birgt sehenswerte Kunstwerke, wie die um 1400 geschaffene spätgotische steinerne Dreikönigsgruppe mit Maria oder das mächtige Sandsteinkruzifix von dem Mainzer Bildhauer Hans Backoffen, aus dem Jahre 1527. Ebenfalls beachtenswert ist die Buntsandsteinkanzel von 1635 mit ihren Passionsreliefs von Zacharias Junker d.Ä. sowie der von ihm geschaffene Altaraufsatz aus dem Jahre 1624. Das 75cm hohe Wallfahrts-Gnadenbild „Maria uff den Staffeln"

von 1400 beeindruckt durch seine hoheitsvolle, menschliche Haltung.

Stadtmuseum

Museum der Stadt Miltenberg
Hauptstraße 169-175 | 63897 Miltenberg
Tel.: 09571 / 66 85 04 | Fax: 09571 / 66 98 618
E-Mail: museum-miltenberg@t-online.de
www.museum-miltenberg.de
Öffnungszeiten:
1. Mai bis 31. Oktober | Di. - So. 10 - 17.50 Uhr
1. November bis 30. April | Mi. - So. 11 - 16 Uhr

Auf der linken Seite des Marktplatzes steht eines der schönsten Fachwerkhäuser der Stadt. Die Alte Amtskellerei, die vom mainzischen Amtmann Bernhard von Hardheim 1541 im Stile der Spätgotik auf den Fundamenten eines älteren Gebäudes errichtet wurde. 1625 wurde das Haus als Sitz der mainzischen Amtskellerei angekauft. Heute befindet sich hier und in drei weiteren Häusern auf 1.450qm das städtische Museum mit einer reichen und wertvollen Sammlung zur Kulturgeschichte der Stadt und des Umlandes. Sowohl die bauhistorische als auch die funktionsgeschichtliche Beschreibung begleiten den Besucher durch die ganze Amtskellerei mit Texten, Objekten und Hörbeispielen.

Für seine vorbildliche Konzeption und Präsentation erhielt das Museum 1999 den Bayerischen Museumspreis und 2007 den Förderpreis der Unterfränkischen Kulturstiftung.

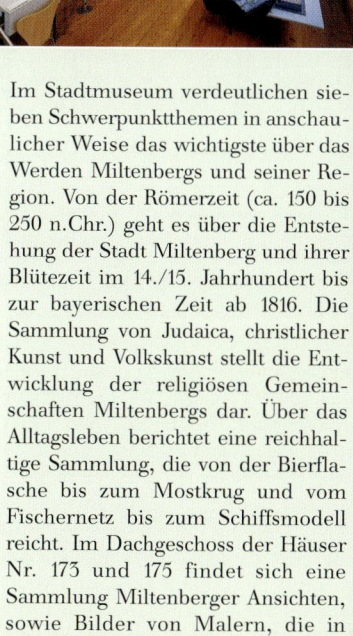

Im Stadtmuseum verdeutlichen sieben Schwerpunktthemen in anschaulicher Weise das wichtigste über das Werden Miltenbergs und seiner Region. Von der Römerzeit (ca. 150 bis 250 n.Chr.) geht es über die Entstehung der Stadt Miltenberg und ihrer Blütezeit im 14./15. Jahrhundert bis zur bayerischen Zeit ab 1816. Die Sammlung von Judaica, christlicher Kunst und Volkskunst stellt die Entwicklung der religiösen Gemeinschaften Miltenbergs dar. Über das Alltagsleben berichtet eine reichhaltige Sammlung, die von der Bierflasche bis zum Mostkrug und vom Fischernetz bis zum Schiffsmodell reicht. Im Dachgeschoss der Häuser Nr. 173 und 175 findet sich eine Sammlung Miltenberger Ansichten, sowie Bilder von Malern, die in Miltenberg gelebt haben.

Franziskaner-Klosterkirche

Die einschiffige Franziskaner-Klosterkirche ist das beherrschende Bauwerk des größten Miltenberger Platzes, dem Engelplatz.

Den Namen erhielt der Platz durch das frühere Gasthaus zum Engel, das der Klosterkirche gegenübersteht und heute Rathaus ist. 1667 wurde mit dem Bau der Kirche nach den Plänen des aus Italien stammenden Mainzer und Würzburger Hofbaumeisters Antonio Petrini begonnen.

Eingang zur Mikwe

Jüdischer Friedhof

Sehenswert ist das rundbogige Hauptportal mit dem Wappen des Erzbischofs Johann Philipp von Schönborn, das der Bildhauer Zacharias Juncker d.J. gestaltete sowie die barocke Inneneinrichtung der Kirche.

Synagoge und Judenfriedhof

Wie das Judenbad, so erinnern auch der versteckt liegende Judenfriedhof und die alte Synagoge aus dem späten 13. Jahrhundert, die sich heute in einem Hinterbau einer Miltenberger Brauerei befindet, an die jüdischen Miltenberger Bürger, die in dieser Stadt ein reges kulturelles Leben entfalteten.

Die Synagoge gilt als die älteste heute noch in ihrem ursprünglichen Mauerwerk bestehende Synagoge Deutschlands. In ihrer unmittelbaren Nähe wurde 2003 die Mikwe, ein jüdisches Ritual- und Tauchbad freigelegt. Zwischen Mauer und Burgweg im ehemaligen Stadtgraben stehen die noch zahlreich erhaltenen Grabsteine des alten Judenfriedhofes.

Mainbrücke

Miltenberg war seit dem Mittelalter ein wichtiger Mainübergang. Das Überset-zen wurde mit Fähren bewerkstelligt, von denen sich die eine auf der Höhe der Ankergasse, die andere beim Gasthaus „Rose" befand. 1898 begann man mit dem Bau einer Brücke, die im Jahr 1900 eingeweiht werden konnte. Auch der architektonisch gut gelungene Brückenturm stammt aus dieser Zeit. In den letzten Kriegstagen von 1945 wurde die Brücke gesprengt. Die neue Brücke konnte 1950 eingeweiht werden.

Alte Domkellerei

Nach seinem früheren Besitzer auch Hartigsbau genannt, diente das spätgotische Gebäude dem Mainzer Domkeller als Wohnung. Die ursprüngliche

Die Mainbrücke in Miltenberg.

Anlage war von Mauer und Graben umgeben und ein Stadthaus der Rüd von Kollenberg, die den Besitz 1420 dem Mainzer Domkapitel schenkten.

Mildenburg

Die Mildenburg wurde um 1200 vom Mainzer Erzbischof als östliche Grenzsicherung seines Einflussbereiches auf dem nördlichen Vorsprung des Greinbergs errichtet. Der aus Buckelquadern erbaute Bergfried ist der älteste Teil der Burganlage. Er ist an der meistgefährdeten Stelle, dem ansteigenden Hang gegen Süden, angelegt.

Das heutige Wohngebäude mit hohem Dach und Treppengiebel wurde von 1390 bis 1396 durch den Erzbischof Konrad von Weinsberg errichtet. Die Burg erfuhr mehrfache Erweiterungen und wurde nach der Zerstörung im Markgrafenkrieg durch den Erzbischof Daniel Brendel von Homburg (1555-1582) teilweise wieder aufgebaut. Sie diente bis ins 18. Jahrhundert als Sitz der erzbischöflichen Burggrafen. 1803 fiel die Burg an den Fürsten von Leiningen. Von 1807 bis 1979 war sie in Privatbesitz, seit 1979 gehört sie der Stadt Miltenberg. Von dem 27 Meter hohen Bergfried bietet sich eine außerordentlich schöne Aussicht auf die Stadt und in das Maintal. Der romantische und ruhige Innenhof der Burg lädt zum Entspannen ein. Lassen Sie einfach mal die Seele baumeln!

> Der Innenhof der Miltenburg ist geöffnet.
> **Öffnungszeiten:**
> 1. Mai bis 31. Oktober | Di. - Do. 13.30 - 18 Uhr
> Fr. - So. 11.30 - 18 Uhr | Montag geschlossen

> **Tipp:**
> Das kleinste Variété der Welt: Inszenierung und Regie, Dramaturgie, Choreographie, Textgestaltung und Autorin, Maske, Requisite, Kostüme, Soufflage, Pudeldressuren, Seiltanz, Corps de Ballet und das gesamte Schauspielensemble vereint in einer Person:
> Theater Lilli Chapeau
> Fischergasse 7 | 63987 Miltenberg
> Tel.: 09371 / 95 91 84
> E-Mail: chapeau@online.de
> www.wanderbar.de

Blick auf die Mildenburg vom Main aus. Im Vordergrund die Pfarrkirche St. Jakobus.

Hotel Hopfengarten

Eine gute Adresse in Miltenberg ist der Hopfengarten, beliebtes Restaurant und Hotel in zentraler Lage am östlichen Ende der Altstadt. Küchenchef Mario Holzinger erfreut mit netten Gerichten und viel Kreativität die Gaumen seiner Gäste. Im Sommer kann man auf der südländisch anmutenden, mit Blumen gesäumten Terrasse gemütliche Stunden verbringen und die Weine aus dem zur Familie gehörenden Weingut Otto Knapp genießen.

Aber auch die neu gestalteten Gasträume, in denen sich eine moderne Möblierung harmonisch mit dem historischen Rahmen verbindet, bieten einen behaglichen Rahmen für die angebotenen regionalen Spezialitäten und die besonderen Klassiker aus Oma's Rezeptbuch. Der Stil der Wirtsstube setzt sich auf den Zimmern fort. Die neuen Zimmer haben Holzböden und die Bäder der größeren eine Dampfdusche oder Whirl-Wanne.

Vom Hotel aus sind es nur wenige Schritte bis zur Hauptstraße, die als Fußgängerzone die gesamte Altstadt Miltenbergs in west-östlicher Richtung durchzieht. Alle Sehenswürdigkeiten, das nahe Mainufer, → Bürgstadt und der Centgrafenberg [→ Wanderung 3] sind zu Fuß vom Hopfengarten aus zu erreichen.

Hotel Hopfengarten
Familie Holzinger
Ankergasse 16
63897 Miltenberg
Tel.: 09371 / 97 370 | Fax: 09371 / 69 758
E-Mail: info@flairhotel-hopfengarten.de
www.flairhotel-hopfengarten.de

Weingut Otto Knapp

Am östlichen Ende der Miltenberger Altstadt, im Übergang nach Bürgstadt liegt das kleine Weingut Otto Knapp. Seine Weinberge liegen an den Hängen des Miltenberger Talkessels, wo die Familie Knapp fast die gesamte Fläche von fünf Hektar mit rassigen Weißweinen bewirtschaftet und am nahen Centgrafenberg in Bürgstadt, wo auf einem Hektar feurige Rotweine angebaut werden. Schon die Urgroßväter von Johannes Knapp, der heute zusammen mit Claudia Widmaier die Geschicke des Weingutes lenkt, bewirtschafteten in der Altstadt von Miltenberg landwirtschaftliche Betriebe. Nebenher bauten sie Wein an und schenkten diesen in ihrer Häckerwirtschaft aus. Beson-

ders Otto Knapp forcierte als Weinbaupionier des Miltenberger Raums nach dem Zweiten Weltkrieg den umweltbewussten Weinanbau mit einer schonenden Kellerwirtschaft. Ihr Spätburgunder von den Südlagen des Centgrafenbergs zählt zu den Besten Deutschlands und auch die steilen Miltenberger Terrassenlagen am „Steingrübler" bringen auf ihren Buntsandstein-Verwitterungsböden beim Silvaner, Riesling und Weißburgunder ein feines, fruchtiges Aroma hervor. Besonders erwähnenswert ist der Winzersekt aus dem Hause Knapp, der aus gesondert handverlesenen Weißburgundertrauben produziert wird, lange auf der Hefe liegen bleibt und traditionell in der Flasche seiner Verköstigung entgegen gärt.

Weingut Otto Knapp
Inh. Johannes Knapp
Bürgstadter Straße 21
63897 Miltenberg
Tel.: 09371 / 39 89 | Fax: 09371 / 30 89
E-Mail: info@weingut-ottoknapp.de
www.weingut-ottoknapp.de
Weinproben und Weineinkauf:
Mo. - Sa. 8 - 19 Uhr nach telefonischer Absprache Weinkellerbesichtigung und Weinbergswanderung.

Im Vordergrund der Brunnen „Ehemals wichtige Walldürner Berufe"
von Rainer Englert, im Hintergrund die Türme der Basilika.

Walldürn

Tourist-Information
Hauptstraße 27
74731 Walldürn
Tel.: 06282 / 67 107
Fax: 06282 / 67 103
E-Mail: tourismus@wallduern.de
www.wallduern.de

Bereits im Jahre 794 wird der Ort im Lorscher Codex erstmals als „turninu" erwähnt. Die Missionierung und damit auch die Besiedelung der Gegend ging vom nahen Kloster Amorbach aus. Kaiser Friedrich Barbarossa übertrug die Vogtei über das Kloster, mit ausgedehnten Ländereien, seinem 1171 erstmals genannten Gefolgsmann Ruprecht, der seinen Verwaltungssitz in Dürn hatte oder ihn dorthin verlegte und sich de Durne (von Dürn) nannte. Die Herren von Dürn waren daraufhin über mehrere Generationen eine der einflussreichsten Familien in der Umgebung, auf die zahlreiche Stadtgründungen zurückgehen. So wurde auch 1291 Dürn erstmals als Stadt genannt. 1294 wurde die sie an das Erzbistum Mainz verkauft.

Wahrzeichens Walldürns ist die aus rotem Sandsteinen erbaute Basilika. Die Stadt gilt als eine der drei wichtigsten Wallfahrtsstätten Deutschlands [→ Tour 4]. Nach dem Blutwunder von Walldürn im Jahre 1330 setzte allmählich die Wallfahrt ein. Heute pilgern jährlich über hunderttausende von Gläubigen in das über 660 Jahre alte Städtchen im Madonnenländchen, wie der Landstrich um Walldürn genannt wird. Durch den Ort führen drei der deutschen Ferienrouten, die Nibelungen-Siegfriedstraße [→ Tour 2], die Deutsche Limesstraße [→ Tour 6] und die Deutsche Fachwerkstraße. Diese verläuft über die die Stadtmitte durchziehende Hauptstraße, an der sich die meisten der stolzen Fachwerkbauten der Stadt präsentieren. Besonders hervor sticht das Rathaus, etwa auf halber Strecke in der Ortsmitte gelegen.

Eingang zur Basilika

Basilika

Der Mainzer Kurfürst und Erzbischof Lothar Franz von Schönborn ließ die Wallfahtskirche im Stil des Barock mit odenwaldtypischen Buntsandsteinen zwischen 1698 und 1728 erbauen.

Im Inneren besticht das geräumige Kirchenschiff durch eine prächtige Barockausstattung. 1950 wurde vor dem Eingang der Basilika ein großer Platz angelegt, auf dem sich bei den jährlich stattfindenden Wallfahrten die große Zahl der Pilger zu den Gottendiensten versammeln kann. Die Kirche wurde am 16. Februar 1962 durch den damaligen Papst Johannes XXIII. zur „Basilika minor" erhoben.

Das historische Rathaus in Walldürn.

Blick in die imposante Wallfahrtsbasilika.

Historisches Rathaus

Das Rathaus wurde 1448 erbaut, als Walldürn wie das nahe Buchen zum Mainzer „Neun-Städte-Bund" gehörte. Der repräsentative Bau zeugt von einer selbstbewussten Bürgerschaft. Wie andere Städte in dieser Zeit [→ Buchen und → Michelstadt] besaß das Rathaus unten eine offene, auf Holzpfeilern stehende Halle, in der auch der Markt abgehalten wurde. Diese offene Halle wurde 1858 geschlossen und durch den heutigen Sandsteinunterbau ersetzt.

Ehemaliges Altes Schloss

Dieses Gebäude wurde in seinen Ursprüngen im Jahre 1492 von der Mainzer fürstbischöflichen Herrschaft errichtet. Das Vorgebäude – eine Burg – verkauften die Edelherren von Dürn 1294 an Mainz. Das ehemalige Alte Schloss repräsentiert die Herrschafts- bzw. Verwaltungsgeschichte Walldürns. Noch heute sind Teile der Verwaltung dort untergebracht.

Das alte Schloss

Stadt- und Wallfahrtsmuseum

Öffnungszeiten:

Di., Do., So. 14.30 - 16.30 Uhr

während des Winterhalbjahres geschlossen

Sonderführungen für Gruppen sind
möglich.

Anmeldung über die Tourist-Information:

Tel.: 06282 / 67 107

Fax: 06282 / 67 103

E-Mail: tourismus@wallduern.de

www.heimatmuseum-wallduern.de

In dem 1558 errichteten schönen Fachwerkhaus zum „Güldenen Engel" in der Hauptstraße, befindet sich das Stadt- und Wallfahrtsmuseum, in dem die traditionsreichen handwerklichen Berufszweige der Stadt vorgestellt und die Geschichte der Wallfahrt „Zum Heiligen Blut" erzählt wird. Der Römerzeit wurde eine eigene Ausstellung gewidmet, in der Walldürn eine zentrale Rolle spielte [→ Tour 6].
Für Sonderausstellungen steht das „Reil'sche Haus" in der Nähe des Stadt- und Wallfahrtsmuseums in der Hauptstraße 45 zur Verfügung.

Moderne Kunst in der Innenstadt

Während das städtebauliche Kleinod „Klein-Frankreich" (nördöstliche Altstadt) noch darauf wartet, von einem Prinzen wach geküsst zu werden, besticht eine stattliche Anzahl monumentaler Großplastiken zeitgenössischer Künstler, die an zentralen Punkten der Innenstadt aufgestellt sind.

In unmittelbarer Nähe zum historischen Rathaus fällt als erste der von Rainer Stolz gefertigte „Schalkbrunnen" ins Auge. Ein lustiger Brunnen, der mit viel Witz und Humor gestaltet, zum Nachdenken darüber einlädt, dass das unmittelbar Ersichtliche nicht immer und unbedingt der Weisheit letzter Schluss sein muss.
In der Nähe des ehemaligen Miltenberger Stadttores steht die Figurengruppe „Walldürner Geschichtsprozession" von Christiane Häringer. Diese stellt eine Verkörperung der Geschichte Walldürns dar. Massige Figuren weisen auf geschichtlichen Ereignisse hin. Kombiniert mit Symbolen der Wallfahrt vereinen sich Personen und Gegenstände zu einem Prozessionszug und illustrieren die Vergangenheit und die Tradition Walldürns als Wallfahrtsort.

Am anderen Ende der Hauptstraße thematisiert die „Meditationsstehle" von Rainer Englert das Spannungsfeld zwischen Geist und Materie sowie Skizzen aus der Geschichte Walldürns: Allemannische Hügel, Limes, Mainzer Rad, Ritter, Schloss und das Blutwunder. Eine weitere Figurengruppe von

Rainer Englert

Ziegelhütte 2

74731 Walldürn-Neusaß

Tel.: 06282 / 88 93

Fax: 06281 / 95 519

kontakt@rainer-englert.com

www.rainer-englert.com

Lichtermuseum

„Walldürner Geschichtsprozession"
von Christiane Häringer.

Lichtermuseum Wettersdorf
Leitung: Dorothea Berberich
Odenwaldstraße
74731 Walldürn-Wettersdorf
Tel.: 06282 / 85 18 oder 06281 / 30 94
E-Mail: info@lichtermuseum.de
www.lichtermuseum.de

Im ehemaligen Schul- und Rathaus des eingemeindeten Ortes Wettersdorf, etwa fünf Kilometer nord-östlich von Walldürn gelegen, gibt es seit 1998 ein recht einmaliges Museum, das den Zeugen des „alten" Lichts aus der vorelektrischen Zeit gewidmet ist. Unter anderem erwarten die Besucher über 2.000 Laternen, Lampen, Leuchter und wichtige Zubehöre wie Dochtscheren, Löschhütchen, Kienspanhalter, Feuerzeuge oder Wachsstöcke, die eindrucksvoll den Ideenreichtum unserer Vorfahren dokumentieren. Angeboten werden ein Vortrag mit Objekten sowie eine Führung durch das Lichtermuseum.

Rainer Englert mit dem Titel „Ehemals wichtige Walldürner Berufe" ist ganz aus dem regional typischen Rotsandstein gemeißelt und erinnert an die Walldürner Erwerbszweige der Händler, Marktfrauen und Bauern. Rainer Englert lehnt sich in seiner künstlerischen Arbeit an sein Vorbild Michelangelo und seinen Lehrer Alfred Hrdlicka an. Seine Arbeiten zeugen von der Suche nach einem „dritten Weg" zwischen akademischer Darstellungsweise und einer deutlichen realitätsbezogenen Aussage zur Tragik menschlicher Figuren. Rainer Englert kann man übrigens auch in seinem Atelier im Walldürner Stadtteil Neusaß besuchen.

Tipp:
Durch die Altstadt Walldürns und in die Umgebung kann man bei schönem Wetter auch mit der historischen Postkutsche aus dem Jahr 1730 reisen. Die Rundfahrten dauern in der Regel etwa eine Stunde. Anmeldung beim Kutscher Alfred Farrenkopf Tel.: 06282 / 89 83 Untere-Vorstadt-Str. 63

Orts- und Sachregister

Danksagung

Am Anfang stand die Frage zahlreicher Schafhof Gäste: „Herr Ullrich, was kann ich heute unternehmen?" Nicht dass es den Schafhofmitarbeitern an Ideen fehlt, Gäste mit geeigneten Tipps zu versorgen. Dennoch reifte mit der Zeit, angesichts der unübersichtlichen Flut diverser Flyer, Werbe- und Visitenkarten, der Wunsch nach einem kleinen, anregend aufgemachten und kompetent geschriebenen Reiseführer, der den Schafhof Gästen Lust darauf macht den östlichen Odenwald zwischen Miltenberg und Erbach sowie Klingenberg und Adelsheim, von Amorbach aus, zu erkunden, wie einst die Benediktiner zur Gründungszeit des Klosters und des Klostergutes. Michael Maaß, der Verleger der Weimarer Verlagsgesellschaft und Freund des Hauses, griff die Idee auf und konzipierte mit uns die Touren, Wanderungen und Städteinformationen. Ihm, wie seinen Mitarbeitern im Verlag, sei ebenso herzlich gedankt, wie den zahlreichen Helfern und Unterstützern in den Tourismuseinrichtungen, Museen und Weingütern, den Bürgermeistern, Fotografen und Informationslieferanten, kurzum allen, die zum Gelingen dieses Projektes beigetragen haben.

Vera und Herbert Ullrich und das Schafhof-Team im Oktober 2009

Impressum

Zu Gast im Odenwald

Ein Reise(ver)führer zu historischen Stätten, Sehenswürdigkeiten und Paradiesen im Naturpark Odenwald
ISBN 978-3-939964-25-4

Alle Rechte, auch die der Übersetzung, Vervielfältigung und Verbreitung (ganz oder teilweise) für alle Länder vorbehalten.

© 2009 HISTOHOTELS-Edition in der Weimarer Verlagsgesellschaft Ltd.
Eduard-Rosenthal-Str. 30 | 99423 Weimar | Tel.: 03643 / 49 33 910 | Fax: 03643 / 49 33 919
info@verlag-weimar.de | www.verlag-weimar.de

Herausgeber: Vera und Herbert Ullrich – Der Schafhof Amorbach
Autoren: Michel Maaß | Julia Roßberg
Umschlagidee: Typelicious Ltd. & Co. KG | Mathias Karge, Berlin
Umschlag / Layout / Satz: carràdesign | Anja Carrà, Weimar
Printed in the EU

Bezirksmuseum Buchen 171

Cafe Siefert 53

Englischer Garten Eulbach 46

Fürstliche Zentralverwaltung Löwenstein 12/13, 86-93

Galerie Maria Kreuzer 148

Guido Werner 17 (ro.), 18, 19, 20, 21

Hartmann Linge 42

Heike Wolf von Goddenthow 40/41

Heimatverein Altheim 126, 127

Heimat- und Geschichtsverein Amorbach 156 (u.)

Hutatelier Lang 96 (r.)

Kloster Engelberg 76, 77, 78, 79, 80/81

Kremers Winzerhof 72

Markt Kirchzell 60, 62/63

Michael Maaß 4, 5, 6, 7, 10, 11, 14, 15, 16, 17, 22, 23, 24, 25, 26, 28/29, 30, 32/33, 36, 37, 44/45, 49, 52, 54, 56, 57, 58, 59, 66, 68/69, 70/71, 73, 75, 82, 84/85, 96 (l.), 97 (oben), 101, 102, 103, 105, 106, 107, 108, 112, 113, 114, 115, 116/117, 118, 119, 120, 124, 128, 129, 135, 136 (u.), 143, 144/145, 150/151, 157, 159, 160, 165, 169, 170, 175, 176, 178, 182, 183, 184, 185, 191, 192, 193, 196, 198, 199, 200, 202, 204, 205, 207, 208, 210, 212, 214, 215, 216, 217, 219, 220, 222, 223, 224, 226, 227, 230, 231, 232, 233, 234, 235, 238, 239, 240, 241, 242, 243, 245, 249

Tourist Information Amorbach / Mike Bauersachs 27, 48, 65, 83, 140, 142, 146, 147, 152, 153, 154/155, 156 (o.), 158

Museum der Stadt Miltenberg 237

Odenwälder Freilandmuseum 94, 97 (u.), 98/99

Odenwälder Kunsttopferei Müller & Dönig 50

Gasthaus zur Pulvermühle / Amorbach 64

Römermuseum Osterburken 122, 123

Schulhaus Restaurant 121

Stadtverwaltung Adelsheim 130, 132, 133, 134, 136 (o.), 138/139,

Stadt Erbach im Odenwald 51, 55, 188, 190, 194

Stadt Freudenberg am Main 197,

Tourismusgemeinschaft Miltenberg - Bürgstadt - Kleinheubach 180, 228,

Tourist Information Beerfelder Land 162, 163, 164

Tourist-Information / Verkehrsamt Buchen 1, 109, 166, 168,

Tourist Information Walldürn 244, 246, 247

Verlagsarchiv 4, 5, 8, 31, 35, 38, 47, 111, 173

Weingut Stich „Im Löwen" 186, 187,

Ziegelbrenner 38

*Schloss Zwingenberg konnte
mit Hilfe der Deutschen Stiftung
Denkmalschutz restauriert werden
und steht heute Besuchern nach
Anmeldung für verschiedene
Führungen offen.*